文春文庫

はじめは駄馬のごとく

ナンバー2の人間学

永井路子

文藝春秋

目　次

はじめは駄馬のごとく

――ナンバー2の人間学

北条義時——はじめは駄馬のごとく

三十代は鳴かず飛ばず

ナンバー2になるために生れてきたような男である。その生きざまのあまりのみごとさのゆえに、かえってその名もかすみがちの男——。その名は北条義時。鎌倉幕府の実力者だった。

しかし、もし現代人があの世にインタビューに行き、

「ナンバー2になる秘訣を」

と質問したとしても、彼は無愛想にじろりと一瞥をくれただけでろくに返事もしないだろう。そして彼は腹の底でこう考えるに違いない。

——ははあ、この男、こんなことを口にするようじゃ、とうていナンバー2にはなれんて。俺なんか若いころは、そうなりたいなんていう気配は毛筋ほども見せなかったもんだ。

たしかにそうだ。オレがオレがと気負うような人間はナンバー2には不向きだ。ここがナンバー2人間の極意である。しかし、かりに義時がそう呟いたとしても、後の半分

には訂正が必要だ。彼が若いころ、ナンバー2をめざす気配を見せなかったのは、何もわざわざそうしたのではなくて、当時の彼には、そんな可能性が全くなかったからである。

だが、このことは我々を勇気づける。ナンバー2どころかナンバー百万番めであったにしても、生き方によっては、思いがけない未来が開けてくるということだから。つまり若き日の彼は駄馬だったのだ。間違ってもダービーなどにはお呼びでない田舎馬にすぎなかった。

生れたのは一一六三（長寛元）年、伊豆の片田舎の小豪族の小倅である。父の時政もいわば田舎政治家。当時都では清盛がいよいよ出世の階段に足をかけたところである。が、伊豆の時政は平家政権のそばにも寄れない。清盛を総理就任前の田中角栄氏とすれば（事実清盛と角栄氏は、ちょっと共通点があるのだが）、時政は田中派陣笠にも手の届かぬ村会議員というところだろうか。

義時はその四男だったらしく、若いころは小四郎と呼ばれていた。が、兄達が早逝したのか、青年期には兄の三郎宗時について、北条家ジュニアとしてはナンバー2になっている。そしてこのことが偶然にも彼に命拾いの幸運を与えるのである。

彼が十八歳の折、頼朝が伊豆で旗揚げした。義時の成長にあわせるごとく高度成長を遂げた平家政権にも息切れの気配が濃厚になってきた。その機会を狙っての頼朝の旗揚げではあったが、正直のところ頼朝には手勢もなければ財力もない。周知のごとく義時の姉の政子が彼の妻になっている関係で、北条氏がまずは親衛隊になったが、その武力は貧弱そのもの、これが歴史の舞台を大転換させる起爆力になろうとは、彼ら自身も考えていなかったのではあるまいか。

さて、このときの合戦は最初はうまくいったが、まもなく平家に味方する武士団に囲まれて惨敗する。北条一族も、頼朝と離れ離れになって戦場をさまようが、このとき血路を開くべく父と別行動をとった兄の宗時は討死してしまう。

これは当時の武士の宿命のようなものだ。一族全滅を免れるために、父と子、または兄と弟は必ず二手に別れて行動する。父に従っていた義時は、おかげで討死をしないですんだというわけだが、この間、彼がみごとな武者働きをしたという記録は全くない。だいたい彼は戦場でのあざやかな戦いのできるタイプではないのである。

スタンドプレーに向いてない彼のありようはその後も続く。一度は敗けた頼朝が勢力を盛り返し、鎌倉に本拠を定め、さていよいよ木曽攻め、平家攻めにとりかかったときも、これに従軍した義時には、これといって手柄になる話は全くない。

たとえば一つ年上の梶原景季は、佐々木高綱と宇治川の先陣を争った。一つ年下の畠山重忠も大活躍をしている。熊谷直実は平敦盛の首を挙げた。熊谷直実などは北条よりももっと所領の少ない小領主にすぎない。こういう連中の武功が伝えられるにつけ、父親の時政はやきもきしたことだろう。

このとき時政は鎌倉に残って頼朝の側近に侍している。鎌倉の御所様の舅殿というので、少しずつ発言力は増しているが、何しろ小豪族の悲しさ、足利、千葉、小山等の大豪族には睨みがきかない。いわば三井・三菱の社長の中に中小企業の親父どのがまじっているようなもので、無理して背のびしている。このあたりで義時がめざましい働きを見せて、

「さすがは北条殿の御子息」

と褒めそやされ、鼻の穴をふくらませたいところである。

——小四郎、しっかりやれ。畠山や梶原に負けるな。

時政はさぞやきもきしたことだろう。が、情けないことに、義時は戦功には縁がない。駄馬は先頭集団から遥かに遅れて、のこのことついてゆくのみである。それでも幕府の記録である『吾妻鏡』には、頼朝から戦功を賞する手紙を与えられた十二人の中に義時を加えているが、大体『吾妻鏡』は北条氏寄りの立場で書かれているからあてにならない。とにかく『平家物語』などに語り伝えられるような武功物語は義時には皆無なのだ。が、じつはこのあたりに、ナンバー2への道を辿りはじめている義時の素質がよく現われているとはいえないだろうか。

はじめは駄馬のごとく——。

それこそ、ナンバー2をめざす基本姿勢なのだ。嘘だと思う方に、この基本姿勢を忘れたナンバー2失格者の例をお目にかけよう。それはほかならぬ源義経その人である。これについては四七ページ以下を読んでいただきたい。この義経に比べて義時のくすみようはどうであろう。この時期彼は目立った手柄はたてていないが、しかし義経の行動は逐一見守っていたはずである。

——ふうん、ああやるとまずいというわけだな。

ひそかに人生勉強をしていたに違いない。そうなのだ。遅れず休まず働かず、そして、じっくり周囲をみつめるのもナンバー2をめざす者の心得べきことなのである。

ナンバー1の追い落し方

頼朝が死んだころから、そろりと義時は首をもたげはじめる。すでに三十七歳、要領のいい連中なら、そのころまでにとっくに出世街道を歩みはじめている。

——もう、あいつは見込みないな。

そう思われたころやっと彼は動きだすのだが、それも父時政にひっぱられて腰をあげた感が強い。

頼朝の死後、鎌倉の政情は微妙に動揺している。時政も将軍の舅として着々地歩を固めてきたのだが、先行きが不安になってきた。代って勢力を得たのは比企能員である。

能員の妻は頼家の乳母として幼いときから近侍していた。当時の乳母の存在には大きな意味がある。彼女は嬰児期の若君に乳を与えるだけでなく、生涯若君にかしずき続けるのだ。もしもその若君が天下を握ろうものなら、もちろん側近第一号として絶大な権力を握る。能員は乳母である妻と二人三脚で、頼家・比企時代の地固めに余念がなかった。その上頼家は彼らの娘の若狭局を愛し、男の子までもうけていた。

――未来はわがもの。

と能員が勇みたてばたつほど時政は苛立つ。すでに故将軍家の舅殿の存在は影が薄くなっている。時政は、

――かくてはならじ。

と義時を重要会議のメンバーに押しこむのだが、そこでも、どうも義時は目立つ活躍をした気配がない。

　やがて比企と北条の対立は激化し、遂に武力衝突が起る。比企の乱といわれているのがそれだが、実質的な仕掛人は時政である。もちろん義時も連携プレーによって比企を滅亡させているのだが、このときも彼らしく何のエピソードも残していない。

　さて比企一族が滅亡すると、頼家は簡単に引退させられてしまう。暗殺されるのは少し後のことだが、それより前に頼家の弟実朝が将軍の座につく。たった十二歳の少年ではあるし、おまけに乳母は政子の妹、つまり時政の娘だった。将軍を丸抱えにした北条

政権という時政の構想はみごとに実現したわけである。これ以後時政は執権と呼ばれるようになる。事実上の鎌倉幕府ナンバー1といっていいだろう。従って順送りに義時はナンバー2にならざるを得なかった——という次第なのだが、はじめのうちは、多分誰も彼の動きには注目もしなかったのではあるまいか。すでに年も不惑を越えているものの、これといった切れ味も見せない彼に期待するのが無理——といった感じだった。

事実、一、二年は義時は鳴かず飛ばずである。その間に相模守——つまり神奈川県知事ともいうべき地位につき、従五位下に叙せられているが、これも父のポストを継承したにすぎない。

そんな彼が、突然変身した——と書いても信じてもらえるだろうか。

が、一二〇五（元久二）年、四十三歳の彼は唐突に過去の歴史を突き破るのだ。その光景は何と表現したらいいか。いままで道連れに従って、黙って山路を歩いてきた男が峠にさしかかったとき、さりげなく内ポケットに手をつっこみ、黒い光るものを取りだしたかと思うと、ゆっくり連れに狙いをつけた。無気味に光るのは小型のピストルだった……そんなドラマを想像させる場面が俄かに出現するのだ。しかも彼が狙いをつけた道連れというのが、誰あろう、彼自身の父、時政だったのだ！

——な、なんとする。

おそらく、時政は声を呑んだことだろう。

——この義時が俺に反抗する？　そんなことがあっていいものか。

——役立たずの鈍才め。俺の力がなくては何一つできないこの息子めが……

時政ならずとも、この場面の展開には驚かされる。ではなぜ突然義時が時政に反逆したかを解くために、事件の経過を説明しておこう。

実朝が将軍になったとき、

「わが世の春が来た！」

と喜んだ人物が時政のほかにもう一人いた。彼の妻、牧の方である。彼女は時政の後妻、義時の実母ではない。駿河大岡の牧の豪族の娘で、若いころは、どうやら都で生活をしたこともあるらしい。この大岡の牧は平頼盛の所領だったから、そのあたりにでも出入りしていたのではないか。

牧の方はこの都育ちをかなり鼻にかけていた。しぜん先妻の子である政子や義時とは反りがあわなかった。実朝が将軍になると、牧の方はさらに都風を吹かせはじめた。実朝が、

「妻にするなら都人、それも上流貴族の姫君がいい」

といいだしたというのも、どうも牧の方の罠にまんまとかかったからではあるまいか。

そして多分、実朝が、

「都人を妻に……」

といいだすより前から、ひそかに候補者の目星はつけていたのかもしれない。なぜなら、それからの嫁取り工作があまりにもあざやかすぎるからである。候補に上ったのは、坊門信清という公家の娘。姉が後鳥羽院の後宮に侍り、坊門局と呼ばれている。

「ですから将軍家は上皇さまと義兄弟におなりになれるわけで……」

武骨な鎌倉の男や女は、そう聞いただけで腰をぬかした。政子はひそかに自分の縁続きの姫を息子の嫁にと思っていたので、まんまとあてがはずれ、

——牧の方がいらぬ差出口をして……

と地団駄をふむ。牧の方は憎い義理の娘の鼻をへし折ってますます意気さかんである。以後嫁取りの総指揮官として、牧の方は腕をふるいはじめる。京都に駐在して鎌倉側の窓口をつとめたのは平賀朝雅という武士だが、彼の妻は、牧の方が時政との間にもうけた娘である。牧の方はこの娘婿と密接に連携をとりつつ、たちまち嫁迎えの準備をととのえてしまった。

「都の姫君をお迎えするのですからね、こちらからも目鼻立ちのととのった若武者をさしむけねば……ごつい田舎者ばかり行ったのでは笑いものにされます」

という意向で選ばれた若者の中には、もちろん、牧の方が時政との間にもうけた自慢の息子、十六歳の政範も入っていた。彼と朝雅を都で会わせ、姫君の側近第一号にしようという魂胆が見えすいている。

ところが、牧の方は思わぬ苦杯をなめさせられる。はりきって都へ向った政範が、なんと、かの地で病におかされ、あっけなく死んでしまったのだ。

涙をこらえて嫁迎えだけは順調にすませたものの、牧の方の胸は霽れない。怒りが渦巻くうちに、逆に彼女は格好のはけ口をみつけだす。狙われたのは、政範とともに嫁迎えに行った畠山重忠の息子の重保である。この畠山一族と都にいる平賀朝雅とは以前から仲がよくなかったらしい。都についた重保は、ささいなことから朝雅とけんかし、あわや大乱闘というところまでいってしまった。その時は周囲の人々に止められて無事におさまったものの、この噂はたちまち鎌倉に伝えられた。

――あの重保めが、婿の朝雅と？

憎い重保め、政範が死んだのもきっとあいつのせいに違いない、と牧の方の怒りはいよいよエスカレートし、遂に夫の時政をそそのかし、重保に謀叛の汚名を着せて虐殺してしまうことを計画する。

――そして、この際親父の重忠もやっつけてしまったら？

牧の方はさらに時政をあおりたてた。時政としても、強大な畠山がいなくなることは望むところである。

「じゃ、重忠親子が謀叛を企んだということにするか」

そこで時政は義時とその弟の時房を招いて、秘密の計画をうちあけた。

黙って聞いていた義時が、父の提案にはじめて難色をしめしたのはこのときである。

「さあ、それはどうでしょうか。重忠は故将軍家以来忠節を尽してきた御仁（ごじん）ですし、それに当家とも縁が深い」

重忠の妻は、義時たちの妹なのだ。女中心に系図を描いてみると、畠山は政子・義時たち先妻グループ、平賀朝雅は後妻グループということになる。畠山と平賀の対立の根もこのへんにあったのかもしれない。

が、このときの義時の発言はここまでだった。今まで黙っていた息子に、思いがけず文句をつけられ、時政は鼻白（はなじろ）んで沈黙したが、義時もそれ以上強く父を押しとどめる気配はしめさなかった。その様子を聞いた牧の方は、帰宅した義時に早速使を飛ばす。

「重忠父子の謀叛はあきらかです。なのにあなたは重忠を弁護したそうですね。それは継母の私のさしがねだと思っているからじゃないのですか。この私がでっちあげをしたとでもおっしゃるつもり？」

ここで義時は、ゆっくり首を振る。

「いやいや、そんなことは。そこまでおっしゃるならもう何も申しあげることはございません」

たまたま鎌倉に来ていた重保が惨殺されたのはその直後である。さらに幕府の命令によって重忠追討軍が進発する。そうとは知らず、少ない手勢を連れて所領の秩父（ちちぶ）を発ち、鎌倉に向っていた重忠は、まさにだまし討ちに会うような形で、武蔵国の二俣川（ふたまたがわ）のあたりで戦死してしまう。

じつはこの追討軍の総大将は義時だった。

奇妙なことである。

先刻の反対はどうしたのか。継母の一喝にあって、ふにゃふにゃと腰砕けしてしまったのか。今までのおとなしい息子に逆戻りして親父のいうなりに重忠を討ったというのか？

いや、そうではない。

そのときこそ、彼は峠を登りつめようとしていたのである。

無血革命の手なみ

重忠を殺した瞬間、彼は遂に峠に立つ。

鎌倉に帰った直後、彼は、はっきり父に向っていうのである。

「確信をもって申しあげます。重忠には謀叛の意思は全くありませんでした」

強力な兵団を持つ重忠が、百余騎の供しか連れていなかったのがその証拠だ、と彼はいった。重忠は重保が殺されたとも知らず、ごく通常の装備で、鎌倉へ出仕すべく、道を辿っていたのだ、と。

「が、御命令いたしかたなく、彼を討取りましたが、年来のよしみを思うにつけ、その首を正視することはできませんでした」

　義時があざやかな行動を開始するのは、それから一月余り後のことである。

　彼は鎌倉中に向って叫ぶ。

「重忠の謀叛というのは牧の方のでっちあげだった！」

　さらに彼は声を大きくする。

「牧の方の奸計はそれだけではない。婿の平賀朝雅を都から呼びよせ、将軍にするつもりだったのだ！」

　これは明らかな謀叛だ！　と彼は叫ぶ。

「現将軍に対して、牧の方は陰謀をめぐらしていたのだ」

　ふところから取りだされたピストルは牧の方に向って構えられた。さらに彼はそのピストルを無言で父に突きつける。

——あなたもですぞ、父上。若い後妻に籠絡されるとは、いやはや耄碌なされたものよ。

　さて、ピストルは放たれたか？

　いや。遂にその銃口は火を噴かなかった。

　おもむろに銃を構えただけで、時政も牧の方も、へなへなと腰をぬかしてしまったのである。時政は即日出家し、権力のすべてを義時に譲り渡して伊豆へ隠居した。牧の方が渋々それに従わざるを得なかったのはいうまでもない。

こういうのを無血革命というのである。

この手並みのあざやかさ。これだけの業師（わざし）は長い日本史の中で何人もいない。革命はむしろ流血の惨事のない方が高級である。その点、血と炎の中で比企一族を全滅させた時政より、義時の方が上手（うわて）だったといっていい。

しかし奇妙な話ではないか、つい今の今まで時政のいうなりになっていた義時が、なぜたった一撃で時政をおしつぶしてしまったのか。時政も意気地がなさすぎる……

そういう疑問を感じる方もあるかもしれない。が、それは二人にだけ注目し、周囲への目配りを忘れているせいである。これは一対一の対決ではない。いつのまにか義時は周囲の支持をとりつけていたのだ。だから時政が、

——何をこしゃくな！

と御家人たちを呼び集めようとしても、誰ひとり駆けよってくる者はなかったのである。

ここがナンバー2の腕の見せどころだ。ナンバー1にはあくまでも忠実に、そして、それ以下の連中への気配りはさらに念入りに……。あまりきらきらしたやり手は、とかく下の人間には不評を買う。おっとりとくすんでいる義時は、御家人たちに安心感を与

えたのではあるまいか。

チャンスは一度しかない

この時政追落しには、ナンバー2がナンバー1を追払うときの秘伝のすべてがある。かんじんなのは、反逆のチャンスは一度しかないということだ。それまではナンバー1には絶対服従。だらだらぶつぶつと反抗の姿勢をしめしたりしてはいけない。そしていよいよのチャンスに瞬発力のすべてを賭ける。このとき大切なのはナンバー1に批判的な勢力を結集できるかどうかということだ。これが不成功に終ったために失敗したのが明智光秀だ。詳しくは一三一ページ以下を読んでいただきたい。

義時のように、瞬発力と蓄積力、両者をかね備えて決戦に臨まなければクーデターは成功しない。そこへゆくと、かつての総裁選挙の折の与党多数派のナンバー2氏の行動は、あまり恰好のいいものではなかった。氏はどうやらここぞというチャンスを間違えたのではないだろうか。

氏は同派のすぐれたナンバー2である。親分に対する忠実度は、親分自身も周囲も全く疑ってもみなかったに違いない。このところは義時そっくりである。しかもあのとき、氏は義時に似たような形で親分に圧力をかけた、といわれている。

「なんで朝雅なんかに肩入れするんだ。後継ぎに俺のいることを忘れちゃ困る。何でもオヤジのいう通りにコトが運ぶと思っちゃ大違いだぜ。そろそろ引っこんでもらおうか」

これが義時のホンネだ。固有名詞を入れかえて、それぞれ、現代の某々氏を入れれば、何と状況の似ていることか。

が、義時のときと違って、クーデターは起らなかった。一つには氏が義時における第二条が不足していたのではなかろうか。たしかに党内の反主流派や野党は彼氏を推す姿勢を見せたが、かんじんの自派をまとめそこねた。おかげでせっかくの瞬発力を発揮することができなかったのは氏のために惜しむところ——といえば、氏は、

「なあに、あれはゼスチュアよ」

とおっしゃるかもしれない。が、瞬発力の威力は蜂の一刺しと同じく一回きりのものである。将来ナンバー1になるチャンス皆無とはいわないが、そこに到達するまで、とうてい義時のようにスムーズには行きそうもない。

さて、ここまで読んで首を傾げる方もおありかもしれない。

「かんじんなのはナンバー2になるまでのテクニックではないか。親父の時政のおかげで、簡単にナンバー2になってしまったのでは現代の実戦には役に立たない」

これは誤解というものだ。義時における時政のような血を分けた実の父親はいないかもしれないが、どこの組織にもオヤジはいるではないか。むしろ血縁関係がないだけ、

ナンバー2志望者はオヤジを選択する自由がある。どれが自分にふさわしいオヤジか、ここでじっくり腰を据えて見きわめること、それがナンバー2への第一歩だ。

そしてオヤジをきめたら忠実に。ただし余り忠臣ぶる必要はない。まあ無害だから側においてやろう、と思わせるくらいでいい。また、それ以下の人々にも心は温いがそれほど大物でもない、と思わせるくらいでいいのである。

——あいつ、いつのまにかナンバー2になったのか。

首を傾げさせるのが極意である。

ナンバー1以上の醍醐味

義時に話を戻そう。父親を追払った彼は余勢を駆って都に兵をさしむけ、平賀朝雅を誅殺(ちゅうさつ)してしまう。謀叛が事実だったかどうかなどは問題外だ。牧の方が畠山父子を陥れた手をそっくり彼は使ったのだ。

さて、こうなれば、いよいよナンバー1というわけであるが……

ふしぎなことに、彼はわざとその座に顔をそむけるのだ。父に代って執権になったのだからナンバー1であるはずなのに、ここで彼は巧妙な手を打つ。

父時政に代って、姉の政子をかつぎだし、その座に据えるのだ。何のことはない、彼はわが手でナンバー1の首のすげかえをやってしまったのだ。父親は後妻に甘い顔を見せたりするから油断がならないが、政子は母（すでに死亡）を同じくする姉だし、三十数年、それこそ緊密な連帯感をもって行動してきた。以来政子は少年将軍の母親として、幕政に隠然たる発言力を持つようになる。世間には政子像が誤り伝えられており、最初から権力をふるったように思われがちだが、政子の公的活動はむしろこれからなのである。

いわば彼女はキングメーカーである義時によって作られたクイーンなのだ。ロボットとまでいってしまえばいいすぎだが、義時と一心同体の幕府のシンボルと考えればいい。

ではなぜ義時はナンバー1になることを避けたのか？

彼がナンバー2の醍醐味（だいごみ）を知りすぎていたからである。

「ほんとうに権力を弄（もてあそ）ぶのには、ナンバー1になるより、ナンバー2でいるのに限る」

四十三年の人生を経てきた男の、これが結論だったのだ。そう思ってみると、北条時政追落しのもう一つの側面が、はっきり浮かび上ってくる。義時が真に狙いをつけていたのは平賀朝雅だったのではないか。

――親父は本気で俺の代りに朝雅を推すつもりかもしれぬ。

強力なライバル朝雅を降すために、彼はまずその庇護者たる時政と牧の方を撃ち落してしまったのだ。その真相がわかってくると朝雅が将軍の座を狙ったというのがでっちあげにすぎないことがより明白になる。朝雅の家、平賀氏はたしかに源氏の血はひいているが、頼朝一族とは格が違う。父親の義信はとっくに頼朝に臣下の礼をとっているし、まかりまちがっても将軍になれる毛並みではない。ただ、

「将軍の座を狙った」

といえば誅殺しやすいから、これを口実にしたにすぎないのだ。が、執権の座なれば話は別だ。時政が先妻の息子義時をさしおいて後妻の娘婿を後継者にする可能性は大いにある。それを見ぬいた義時は、本命は朝雅打倒にありながら、その前段階として、父親を脅しつけて引退させ、朝雅の基盤にゆさぶりをかけたのである。

朝雅が将軍の座を狙わなかったという理由をもう一つ付け加えておく。本来、将軍と執権の間には越えがたい一線がひかれている。それは現在の天皇と総理大臣の関係のようなものである。総理大臣はいくら力があっても天皇にはなれない。これが自明の理であるように、将軍と執権の間は、はっきり区別されている。それは平安朝の天皇と藤原氏の関係と同じである。藤原氏はいかに強力であっても天皇にはなれなかった。しかも天皇は全くのロボットであるかというとそうではない。天皇は権威、藤原氏は権力の分野をうけ持つというべきか。しかもこの両者がワンセットになり、微妙に影響しあって綜合的な権力機構を構成しているのだ。藤原氏は天皇を無視することはできないし、天皇も藤原氏の意向を汲まねばならない。理想的にいえば、天皇と藤原氏が同じ派閥であること。この場合には政治はスムーズに行くが、派閥の異なる組合せになると、とたん

にぎくしゃくする。平安朝も現代同様、同じ藤原氏（自民党）が天下をとっているように見えるが、内部派閥の争いは熾烈であった。

鎌倉幕府もこれと同じで、将軍は天皇であり、北条氏は藤原氏なのである。そして平安時代、天皇と藤原氏の間に立って活躍したのが、天皇の母や妻（藤原氏出身）であったように、義時は政子を利用するのである。ただし平安朝の場合、藤原氏出身でも母やきさきは一応天皇家のメンバーという形をとるが、政子の場合はむしろ北条家代表的な色彩が強い。

義時はこの政子をナンバー1の座に据え、自分はあくまでもナンバー2のままでいるという姿勢を貫いた。

生れついてのナンバー2！

彼に賛辞を贈りたくなるのはそこなのだ。人間誰でもナンバー1になりたい。が、彼はその欲望を自分に禁じる。できない芸当である。ナンバー2になってしまえば、ナンバー1は目の前ではないか。が、彼は事ごとに政子をかつぎだす。

「尼御台の仰せには……」

「尼御台の御意見は……」

あたかも彼は政子の意見の執行者にすぎないふりをする。

これはなぜか。彼が根っからの政治好き、権力好きだったからだ。権力好きならナンバー1の座に駆けあがって、思うさま人に命令をし、人をこき使うことこそ本望――と考えるのは皮相的な見方である。ナンバー1になりたがるのは名誉欲の亡者である。権力者の醍醐味は、そうしたおっちょこちょいの男を踊らせて、事を思うままに動かしてゆくところにある。その意味では名誉もいらず、金もいらずというところまで徹底しなくては本当の権力の権化とはいえない。他派にかつがれて、ナンバー1を夢みた現代のナンバー2氏などは、まだまだそこまで行っていないということになろうか。

ナンバー2の座を死守する

永遠のナンバー2……そこに賭ける義時の執念はみごとなものだ。鎌倉武士はなかなかしたたかで、彼にひけをとらない真の権力好き、政治好きは何人かいた。

その中で最も注目すべきは三浦義村である。もともと三浦氏は旗揚げ当時から頼朝に密着している。当時は北条氏より豪族としての規模も大きかったし、発足当時の鎌倉の中心的存在だった。その一族の和田義盛が侍所別当（長官）になっているが、これは軍事政権の陸軍大臣ともいうべき要職である。

北条氏はむしろその下風に立っていたのだが、頼朝の舅であることを利用して、どんどん勢力を伸ばしてきた。三浦一族にとってはおもしろくなかったに違いない。かといって、すぐ牙をむきだし、実力に訴えて勝負をつけるような両者ではない。鎌倉武士を戦好きの単細胞の頭の持主と考えるのは大間違いで彼らの駆引きは現代政治家以上である。

北条と三浦は、肚のさぐりあいを続けながら、ときには心にもなく手を組んで第三勢力を潰したり、ときには隙を狙って相手の足を蹴とばしたり、秘術の限りを尽す。ここに一々その経緯を書くわけにはいかないが、その戦いぶりは相撲のような一番勝負ではなく、野球の試合にどこか似ている。一回の表裏、二回の表裏——まさに勝ったり負けたりのくりかえしだ。彼らは直接血を流すのは好まない。絶妙な駆引きで相手を押えこんだり、あるいは負けたふりをして貸しを作ったり、勝負は蜿蜒と続く。

その中、七回の表ともいうべき衝突が、将軍実朝時代に起った和田の乱である。奸智にたけた三浦一族の中では単純で怒りっぽい和田義盛がうまうま義時の挑発に乗せられてしまったのだ。

「ええい、もうがまんがならぬ」

義盛は一族や親類を集めて義時に勝負を挑む。当の義時は執権であり、みごとに幕府に逃げこんでしまったから、義盛はまさに幕府に向って戦いを仕掛ける形となった。

すなわち執権（行政長官）と陸軍大臣の戦いである。義盛は猛烈な勢いで幕府を攻めたて火を放ったので、営内は大混乱に陥った。義時はもともとこうした合戦は苦手なのだ。しかも相手は名うての戦さ上手、いったんは追いつめられるが、やっと援軍を得て勢を盛りかえす。激戦に疲れた義盛は結局敗死するのだが、彼の敗因は何といっても義村の裏切りにあった。

いとこ同士の義村と義盛は、最初は一致して義時を討つべく誓紙まで交わしあった仲だったのだが、義盛の形勢非と見ると、義村はあっさり義盛を裏切ってしまう。義村は裏切りの名人でもあったのである。彼一流の冷静な判断から、

——今、義時を倒すのは無理。

と見てとって、義時に恩を売ったのだろう。

もちろん義時はこの高価な借りの意味を知りぬいている。合戦が終って論功行賞に移ったとき、一人の侍が三浦義村と先陣の功を争った。と、義時はそっとその侍にいったものだ。

「今度の合戦の勝利は義村のおかげだからな。少しは目をつぶって義村に譲ってやれ」

もっとも義村にしてみれば、そのくらいの事で貸しのもとをとったとは思っていなかったかもしれない。そこでいよいよ七回の裏、息づまる対決が行われるのである。

実朝暗殺事件の真相

三浦が再度戦いを挑んだのは六年後の一二一九（建保七・後に承久と改元）年一月二十七日、鶴岡八幡宮の社頭であった。この日実朝はそこで甥（おい）の公暁（くぎょう）に暗殺されている。

　はて、それが何で三浦の挑戦か？　がこの公暁――つまり頼家の忘れ形見の背後には三浦義村が控えているのだ。実朝の乳母が北条氏であるように、義村の妻もまた公暁の乳母だったのである。

　図式的にいえば、この事件は、実朝・北条組と公暁・三浦組のタグマッチ・プレーである。三浦側は幸先よく実朝を誅殺するが、ここから事件は複雑な屈折を見せはじめる。むしろ実朝以上に本命だった義時が、するりと逃げだしてしまうのだ。つまり、公暁・実朝戦には決着がついたが、義時・義村は勝負がつけられなかったのである。

　――逃げられたか、無念！

　変り身の早い三浦義村は口を拭って、

「俺は知らない」

　あれは公暁の単独犯行だ、と頬かぶりをきめこむ。辛うじて体勢を立て直した義時は、義村のしらの切り方につけこむ。

「知らない？　じゃ公暁を探しだして殺してしまえ。あいつは将軍を殺した大犯罪人だ」

　やむを得ず義村は直接の部下でない武士を派遣して、公暁を殺させることにする。そうとも知らず、義村との同盟を信じて、その邸に行こうとしていた公暁は実にあっけなく殺され、哀れな最期を遂げるのである。

結果的には、北条側は貴重なかけがえのない実朝という旗を失い、義村は養君殺しの汚名を着せられたわけだ。そしてクーデターは、まことに中途半端な形で終ってしまう

――というのが私のこの事件に対する判断である。

北条氏が公暁をそそのかして実朝を殺させたというこれまでの説から見れば大分違う。しかし自慢するわけではないが、いま学界でもほぼこの見解が認められている。これは単なる肉親の私怨からの凶行ではない。鎌倉の実力者がナンバー2の座を賭けて争ったことがそのポイントなのだ。

もともと、北条氏が実朝を殺そうとした、というのがその時代の歴史を解さない考え方だというべきかもしれない。乳母である北条氏と実朝の緊密な関係を思いおこしていただきたい。また実朝が天皇、北条氏が藤原氏の関係にあること、同じ派閥の将軍と執権が手を組んでこそ幕政の運営がスムーズにゆくことなどを考えれば、実朝が北条氏にとっていかに大切な存在だったか察しがつく。

また義時がこの修羅場をぬけだせたことを事前に計画を知っていたからだという説があるが、これは事件の全貌に対する認識不足からである。この事件は公暁の単独犯行でもなければ、義村と公暁だけの秘密計画でもない。もっと規模の大きいクーデターであって、当時の史料を見ても、八幡宮の僧兵などが多数動いている。ということはすなわ

ち、義時側に味方する僧侶も何人かいたということでもある。義時はそこから情報を耳打ちされ、危うく身をかわしたものの、大事な実朝を救うところまでは手が及ばなかった、というのが真相ではあるまいか。

権謀の人、義時としては珍しい大ミスだ。いや、ここでは義時の手落ちを責めるよりも、彼を上廻る義村の怪物ぶりを賞賛すべきかもしれない。この二人に比べれば、実朝・公暁は、黒子(くろこ)に操られた人形にすぎない。むしろ将軍殺しの惨劇の終った後の両者の駆引きこそが見ものなのである。

もし二人が血気にはやる人間だったら、ここで血みどろの果しあいをするところである。義時は、

「実朝公が居られぬなら生きている甲斐もない。む、む、弔(とむら)い合戦だ」

とばかり殴りこみをかけたかもしれず、一方の義村が、

「義時に逃げられたとは、わが一世一代の計画も水の泡……かくなる上は」

と決戦を挑んでもふしぎはない。

ところがどうだろう。

義時は義村に公暁を殺させ、

「さ、これで五分五分だな」

といわぬばかりに、それ以上深い追及はしなかった。

これを中途半端な妥協と見るのは政治を知らない連中である。彼ら二人はお互い傷つきながらもお互いに貸しを作って手を打った。

——なあに、勝負どころはまだあるさ。

それぞれ口の中で呟いていたかもしれない。事実、両者の戦いはまだ何度も続く。九回の表裏が終るのは彼らの子供や孫の代になってからのことなのだ。

それにしても、実朝暗殺後の数時間は義時の正念場だった。戦場で白刃をくぐるよりもすさまじい義村との対決は、一世一代の大勝負だといっていい。

義時が本領を発揮するのはこういうときである。つまり、ナンバー2のライバルとなりそうな朝雅、義村といった連中に対しては徹底的に戦うのだ。ナンバー1に勝負を挑むのは一度だけ。そして鉾先（ほこさき）は常にナンバー2を狙うものに向けられている。これもナンバー2がその地位を維持するための鉄則なのである。

ナンバー1の蔭にかくれて

実朝が非業の死を遂げた後、さすがに北条氏は動揺していた。しかし、その後継者はじつはなかったわけではない。それ以前に、子供のない実朝のために、政子みずからが上京して、

——後継者には後鳥羽院の皇子を。

と交渉し、内諾を得ていたのである。

ところが、実朝の惨死の報を聞くと、後鳥羽は手のひらを返すような態度に出た。この際鎌倉を困らしてやれというのだろう。言を左右にして実現を拒んだのである。

今度は義時の弟の時房が上京して交渉にあたった。千騎の兵を率いて無言の示威を行ったのだが、効果はさっぱりで、遂に後鳥羽の許可をひきだすことはできなかった。代りに選ばれたのは、頼朝の姉の血をわずかにひいている左大臣藤原道家の子、三寅。まだたった二歳の幼児だった。

いくら何でも二歳の幼児では、そのまま将軍にするわけにはいかない。やむを得ず政子が代りをつとめることになる。尼将軍といわれるのはこのためだが、断っておくと、彼女は正式に将軍宣下をうけたわけではない。つまり将軍代行の形をとったのである。かくて、政子は公的にもナンバー1の座についたわけだが、しかし、真の実力者はナンバー2である義時であることを見ぬいている炯眼の人物がいた。後鳥羽上皇である。

後鳥羽は歴代天皇の中では指折りの政治好きだ。ただし、天皇だから義時のようにこらえることは知らない。スタンドプレーが好きなあたり、むしろ義経型である。

後鳥羽にとっての悲願は、鎌倉幕府を打倒することであった。つまり頼朝以前の姿に返し、それまでに徐々に獲得してきた武士の権利を剝ぎとってしまおうというのである。

その後鳥羽の眼から見れば、

――鎌倉打倒はいまこそ好機！

であった。よちよち歩きの幼児と老婆の組合せでは将軍の権威もへったくれもありはしない。そこでまず、寵愛している伊賀局の所領問題を持ちだしてゆさぶりをかけた。

「かの局の所領の地頭が局の命令に従わないからやめさせよ」

これは朝廷側の常套手段である。何かと文句をつけて地頭をやめさせようとすることはこれまでも何度かあった。一方の鎌倉武士は「土地こそわが命」と思っているから猛然と抵抗する。もつれにもつれて長い裁判沙汰になったことも度々ある。

案の定、鎌倉は後鳥羽の申入れを拒否した。

「地頭の任免権はそもそも源頼朝が後白河法皇から与えられたものであります。かつ頼朝によって任じられた地頭職は、重大な過失がない限り、その子孫に代々伝えられることになっております。軽々に罷免することはできません」

以後、後鳥羽と鎌倉の間に激しい応酬が続く。たかが幼児と老婆の寄合所帯と思っていた後鳥羽は、その手強さから、まざまざと義時の存在を感じとる。

「うぬ、きゃつめだな、張本人は」

上皇の命令にも従わないということは謀叛人にも等しい、と勝手に拡大解釈して、後鳥羽は、はっきりと義時に狙いを定める。

「義時を討て！」

在京の鎌倉武士にもこう命令する。それどころか鎌倉の武士にまで密使を飛ばす。巧妙にも幕府打倒の本心には触れず、

「義時を討てば、莫大（ばくだい）な褒美（ほうび）を与える」

とそそのかしたのだ。

「憎いのは義時ひとりだ。幕府を問題にしているのじゃない」

という態度をとり続けた。こうして鎌倉武士を内部分裂させ、同士討ちをさせようという魂胆である。

たしかにこれは作戦としては上策である。数百年来その手に握り続けた官職をちらつかせ、恩賞で釣ろうというのも朝廷ならではの甘い罠だ。かつて義経さえまんまとこれにひっかかっている。鎌倉武士はきっとこれによろめく、と後鳥羽は踏んだのだ。

今や義時は標的となった。

「ナンバー2面（づら）をしているが、ごまかされはせぬぞ！　義時、さあ勝負だ」

後鳥羽はそう叫んでいる。義時にとっては、実朝暗殺事件にまさるピンチである。

——もしかしここで御家人たちが、恩賞に釣られ、総崩れになったら？

それを食いとめる力は、さすがに義時も持ちあわせてはいないはずだった。

が、その生涯の危機にぶちあたると、立往生すると思いのほか、義時はここで後鳥羽にまさる巧妙な手を打つ。ナンバー2であることをいいことに、ナンバー1代行である

政子の口で、たくみに問題をすりかえさせてしまうのだ。

「義時は別に何も悪いことはしていない。これは不当ないいがかりだ。上皇の狙いはほかにある。上皇は幕府を潰したいのだ！」

それから政子は故将軍頼朝の業績を長々と述べたてる。

「頼朝公が旗揚げをされる前のそなたたちはどうだったか。大番（おおばん）という都の警護役に駆りだされて三年間もただ働き、まるで都の貴族には番犬同様の扱いをうけていたじゃないか。それが大番の期間も短縮され、やっと人間らしい権利が認められたのは誰のおかげか。みんな故将軍家のおかげではないか。そのお計らいでそなたたちの所領も増え、生活も豊かになった。その恩を忘れる者はよもあるまい。いや、それでも不服だという者は、この場で鎌倉幕府を見限って都へ行くがよい。そんな恩知らずは相手にしない。さあ、どちらへつくか、この場で返答するがいい」

後鳥羽の「義時打倒」の声は完全に無視されてしまっている。すりかえはみごとに成功したのだ。頼朝のことを持ちだされては、東国武士は反対の言葉を失うのである。

本質的なことを問題にすれば、たしかに政子の言い分は正しい。後鳥羽の本心を見破っているし、事態把握も正鵠（せいこく）を射ている。が、より現実的な闘争のテクニックとしてみれば、これほど厚顔な問題のすりかえはないであろう。そしてこれがうまく成功したのは、後鳥羽に名指された義時が、ナンバー2だったという、たった一つの理由による。

もし義時がナンバー1であったとしたら、どうしても自己弁護になってしまう。またいくら理屈が通っていても、

「俺のために戦ってくれ」

というわけだから、いまひとつ説得力に欠ける。が、政子なら、

「義時のために戦えといっているんじゃない。幕府の浮沈にかかわることだから、幕府のために戦うべきなのだ」

ぬけぬけとそういうことができる。そしてもっと踏みこんでいえば、この政子の大演説を用意したのは義時だったかもしれないのだ。もちろん幕府の知恵袋である大江広元(おおえのひろもと)もあずかって力があったとは思うのだが、根本にあるのはナンバー1の政子とナンバー2の義時の連携プレーであろう。政子は義時と合議の上で「宣戦の詔勅(しょうちょく)」を読んだのである。

勝利の条件

かくて鎌倉勢は一丸となって出陣する。おもしろいことに、その中にはライバル三浦義村の顔もあった。鎌倉の事情に詳しい後鳥羽側はもちろん義村の所にも密書を送っている。

「義時を討てば恩賞は望みのまま」

しかし、義村はこれに応じなかった。

「こんなものが来たぜ」

いとも簡単に義時の前で密書をひろげてみせるのだ。さすが義村も鎌倉武士、幕府の存亡と義時打倒を秤（はかり）にかけるだけの冷静さは失わなかったとみえる。

後世、承久（じょうきゅう）の乱と呼ばれる朝廷と幕府のこのときの対決の結果を詳しく書くには及ぶまい。朝廷側は一瞬のうちに鎌倉武士に踏み潰されてしまったのだ。後鳥羽は隠岐（おき）に流され遂に都の地を踏むことなく一生を終える。

が、ここで義時の勝利の意味をもう少し洗い直してみる必要がありはしないか。本質的な面を考えれば、鎌倉武士は政子のアジ演説に踊らされて出陣したわけでは決してない。彼らは彼らなりに利害得失を計算していたのだ。

――今、義時を討った方が得か損か。

彼らが義時支持に傾いたのは、伊賀局の所領問題に関して、義時があくまで地頭擁護を貫き通した点を評価したのである。

――頼りになるボスだ。

義時こそわが味方だ、と思ったのだ。ここに義時のナンバー2としての真骨頂がある。

もし、彼があのとき後鳥羽の言い分を受け入れていたら？　いや、そうすることもできないわけではなかった。当の地頭には因果を含めて辞めさせ、その代りに何か埋めあわせを考えてやるという政治的解決の道は残されていたのだ。

こうした解決はむしろ容易である。後鳥羽の顔も立つし、義時もいずれ官位の昇進の機会に恵まれることだろう。が、それではずるずると後鳥羽の思う壺にひきずりこまれてしまう。妥協を重ねているうちに、鎌倉幕府体制は弱体化し、歴史は逆戻りしてしまうだろう。

だからこそ、敢えて彼は突っぱったのだ。そして承久の乱を勝ちぬき、歴史の歯車を前に押し進める役割を果したのである。これだけのことをなし得た政治家は日本にどれだけいるだろうか。現在だって民衆の利益を犠牲にし、権力の前に尻尾を振る連中ばかりではないか。

ここで私はナンバー2の最後の、そして絶対条件として、部下の支持、あるいは広い民衆の支持を獲得することを付け加えたい。

ナンバー1とはなごやかに（もし対決するとしても一回だけに限る）、そしてナンバー2をめざすライバルにはきびしく、そしてそれ以下に対してはうんとやさしく！

書いているうちに一人の男性の顔が浮んできた。中国の永遠のナンバー2周恩来である。彼は毛沢東との間はいつもなごやかだった。が、毛沢東に対してはかなり発言力を持っていた。ナンバー2志望の林彪ほかの失墜に手を貸さないまでも、それを敢えて傍観したことはたしかだが、それより驚くべきことは、彼に対する民衆の絶大な支持であ

る。文革時代もその後も、遂に彼が死ぬまで毛沢東以上に人気があった。それでいなが
ら彼は一度もナンバー1になろうという野望を覗かせたことはなかった。

義時が周恩来に比べてどうかという比較は無理な話だが、彼が武士層の大きな支持を
得ていたことは、むしろ反幕府的な立場にある北畠親房(ちかふさ)までが、その著『神皇正統記(じんのうしょうとうき)』
の中で、義時は人望も厚い名政治家だったとし、後鳥羽の挑戦をむしろ非道の戦だとし
ていることでもわかる。政治家として身辺も清潔だった。これなども現在のナンバー2
志望者たちの逆立ちしても及ばないところである。

名もなく、清く、したたかに

義時がこの世を去ったのは一二二四(貞応三・元仁元)年六月。六十二歳で死ぬ日まで、
彼は遂にナンバー2のままだった。もっともこれはナンバー1たる政子がその後も生き
残ったからでもあるが、おそらく彼自身、

――ナンバー2こそ望むところ。

と思い続けていたのではあるまいか。

官職についても生涯無欲だった。右京大夫、陸奥守(むつのかみ)といった職も、晩年には辞してし
まっている。源実朝が、あくまで官位の昇進を望み続けたのとはまさに対照的だ。名誉
欲すなわち権力欲と錯覚しがちだが、それが本質的には全く別ものであることを、義時

は身をもってしめしている。

官位とか肩書は、結局人生のアクセサリーにすぎないし、決して権力を保証するものではない。冷静な義時は、ちゃんとそのことに気がついていたのだ。実力派、ナンバー2には肩書は不要である。逆にいえば、肩書やら勲章をほしがるうちは、真のナンバー2にはなれないということか。

私の知る資産数十億の大社長は、ことのほかラーメンがお好みである。汚い店にぶらりと入って、安サラリーマンと肩を並べてラーメンをする。

——よもや、この俺が大金持とは知るまい。

と思うとき、彼は最高の満足感を味わうらしい。貧乏人にはまねのできない、ぜいたくな満足感である。ラーメンをすることは、誰でもできる。が、数十億持ってラーメンをすれる人はそうはいない。

義時の晩年の楽しみはそれに似てはいないか。上皇を配流するほどの権力者でありながら、肩書らしい肩書は何もなし！

——いや、その味がこたえられんのよ。

万年ナンバー2氏はにんまりしてそう呟いていたのではなかったか。

そしてもしも、もう一度現代人があの世に行き、

「でも残念ですねえ、りっぱな肩書がないおかげで、後世の人は、あなたが名ナンバー

2だったことさえ知らないんですよ」

といったとしたら、

「ほう、そうかい、それこそ俺の望むところさ」

と答えたかもしれない。

が、これを無欲とか人格高潔と思いこむのは早計である。そう思いこませるほど彼は狡猾(こうかつ)だったのだ。

名もなく、清く、したたかに。

日本を蔽(おお)いつくすほどの野望を抱きながら、北畠親房にさえ褒められるくらいに狡猾な身の処し方ができなければ、ナンバー2の生涯を全うするのは不可能なのである。

源　義経——スタンドプレーが怪我のもと

有名ながら欠陥商品

鎌倉時代のナンバー2として、北条義時を挙げ、源義経を挙げなかったことに、不審をいだく方もあるかもしれない。

「義経こそは輝かしいナンバー2ではないか」

「彼が挫折したのは、頼朝に嫉まれたためだ。頼朝が悪いのだ。そんな兄貴を持った義経が不運なのだ」

もし、そう思っておられたとしたなら、失礼ながら、あなたはナンバー2にはなれない。義経は単に不運だったのではない。私の眼から見れば、彼にはもともとナンバー2たる性格が欠如していたのである。

血筋からいえば、たしかに彼は頼朝の弟だ。ナンバー2の資格十分と見えるが、じつは彼と頼朝とは母親が違う。異腹の兄弟がしっくりいかない例は今もあることだが、当時はもっとも状況はきびしく、子供たちは母親ごとに固まる傾向があり、さらにいえば、異腹の兄弟姉妹はつねに仇同然でもあった。

付け加えておくと頼朝は源義朝と藤原季範という中流貴族の娘の間の子だが、この母は宮仕えしていたと思われる。頼朝はだから東国武者の子というより都育ち、公家ふうの環境で成長した。一方の義経の母は有名な常盤御前だが、これは宮仕えといっても雑仕女という下働きで、氏素姓もたしかではない。つまり出自には格段の開きがある。

おそらく彼らは兄弟といっても、少年時代に顔をあわせることもなかったに違いない。やがて平治の乱が起って敗れた頼朝は伊豆へ、義経は鞍馬へという道を辿るのだ。では旗揚げ後、黄瀬川に駆けつけた見知らぬ弟、義経をなぜ歓迎したのか？

おそらく頼朝はこのとき心細かったに違いない。東国の主として仰がれても、頼りになるのは妻の政子とその一族の北条氏だけ。それが義経の手を握って涙ぐんだ大きな原因ではないかと思う。じつはこれより前、義経の実の兄全成（昔の今若）も頼朝のところに駆けつけているのだが、このときも彼は涙を流して彼を迎えいれている。

しかし、全成と義経はその後全く対照的な道を歩んだ。全成は政子の妹と結婚したが、ほとんどの人生を、政治の表舞台に現れずに過した。後には政界の裏で暗躍し、非業の死を遂げるが、これは頼朝の死後のことである。一方の義経はどうか。もう一人の母の違う範頼とともに東国武士団で編成された大軍団の大将として西国に向って出発する。

それからの華々しい活躍は周知の通りである。木曽攻め、平家攻めで大勝利をおさめるが、もうその途中で頼朝の勘気にふれてしまう。

これをかつての歴史は頼朝のやきもちからだとした。が、歴史を仔細に見るならば彼は大きな失態を重ねている。それが、みなナンバー2としてはなすべからざることばかりなのだ。

一つは彼が頼朝の名代だということを忘れたことだ。彼はたしかに大将だが、身分としてはあくまでも頼朝の身代りである。重大なことは鎌倉へ報告をしてその裁決を仰ぐことが初めから約束されていたのに、彼は独断専行してしまった。つまり義経は企業でいえば、海外における大きなプロジェクトをまかされた現地の総責任者なのだ。現地に行ってみれば、思いがけないハプニングも起る。その場で処理しなければならない場合もあるだろう。が、大事なことは本社と相談、その指示を仰ぐべきである。まして、そのプラントに対する支払いが行われた場合、現地で山分けするなどはもってのほか――。が、義経はそれに近いことをやってしまったのだ。

その意味で義経の辿った破滅への道は、現在の経済人にも参考になるところが多いので、すこし回り道になるが、当時の状勢を考え直しておこう。

日本はすでに組織体だった

当時に対する第一の誤解は、頼朝なり義経を一人の独裁者――いわばベンチャービジネスを企画した小企業主のように錯覚していることである。彼らはそのような存在ではない。もし、小企業主と呼ばれる存在がいたとしたらそれはむしろ各武士団のトップ、いわゆる豪族層がふさわしい。当時は現在と違うから企業内容は農業、つまり彼らは大小の農場主であった。そして農場主なら誰でも考えつくように、彼らの望むのは土地の拡張である。当時の地方は一種の無警察状態だから、力ずくで土地を取りあう。自然、彼らはそれぞれが自警団を組織することになる。これが武士団のはじまりである。

　大小の農場主はだから領土の争奪闘争をくりかえした。こうして強い武士団は弱い武士団を組みしき、組織を拡張していった。

　もっとも、彼らも殴りあいばかりをやっていたわけではない。そんなことをしていたらお互い傷だらけになってしまう。そこで考えたのは、都のエライさんたちの「顔」を借りることである。自分たちの開拓地を形の上では都のエライさんの名義にしてしまうのである。これを「寄進」という。もちろんそっくりやってしまうのでなく、いわば名義料をおさめて安全を確保する。付近の豪族が攻めてきても、

「ここは誰サマの領地だ。不法なまねをすればいいつけるぞ！」

と凄んでみせるのだ。この方式は全国に普及した。エライさんも中央の有力貴族、有名神社、有名寺院、皇室領などさまざまである。

　中央の貴族にとっても悪い話ではない。黙っていて名義料が入るのだから。万一トラブルが起きたとき口をきくだけ——とはらくな話ではないか。それに全国的にこうした

多くなる。

「寄進」体制が確立するとトラブルもこの名義人どうしの取り引きでコトがすむ場合が多くなる。

中央の貴族たちは名義料をとるだけでなく、豪族たちをいろいろ利用した。また豪族たちも利用されることによってコネを深めようとした趣きもある。現在の有力政治家と地方の子分、または親会社とその系列会社という関係と思えばよい。

また豪族の中には地元の有力政治家をめざす者もある。当時の地方長官である国の守(かみ)は中央から任命されてやってくるが、それ以下の介(すけ)(次官)、掾(じよう)(三等官)、目(さかん)(四等官)などは在地の有力者が任じられる。彼らはこのポストを狙うのだ。当時の国の守の主な役目は税の徴収だが、国の庁の役人になれば税金が免除されたり、課税額を負けてもらうこともできる。いわば県庁の高級役人とか県会議員コースである。

先の中央貴族と直接コネをつけるコースと地方役員コースは対立したものではなく、一人の人間が両方をかねている場合もよくあった。こうして、中央と地方が持ちつ持たれつする時代が平安時代であって、この状態がかなり長く続いた。

しかし、そのうち亀裂が生じてきた。その一つの理由は、中央貴族が地方豪族の奉仕を当然のことと思いすぎたからである。今でも中央は何となく威張り、地方はその権力を撥(は)ねのけることができないが、当時の差はそんな程度ではなかった。中央貴族は地方武士を、まるで人間でもないかのように扱ってきた。かつての本国と植民地の関係を考えていただけばよい。中央側は地方を搾取の対象、只働きさせる人的資源のグループと見なしていたのだ。東夷という言葉があるように、中でも東国は中央から蔑視されていた。

地方豪族のうち、東国の武士たちが、そのことに強く反撥したのは彼らにも彼らなりの実力が貯えられつつあったからである。時代はすでに平家時代に入っていた。平家の富に比べれば彼等はもちろん貧しい。文化程度も低い。政治の駆引きにも不馴れである。しかし、中央にコネを求めその搾取に甘んじていては、いつまでも自分たちは中央貴族の前に這いつくばっていなければならないことに彼らは気づく。

――これじゃエライさんに甘い汁を吸われるだけだ。

仲間内での殺しあいをやめて、とにかく彼らは連帯し、中央に向って彼らの権利を主張しはじめる。一一八〇（治承四）年の頼朝の旗揚げとはいわばそうしたものだ。頼朝が陣頭に立って組織作りに奔走したのではなく、一種の企業連合の代表者として迎えられたにすぎないのである。主体は東国武士団であり、東国武士団の旗揚げというべきだろう。

では何で東国と呼ばれる地に企業連合ができ、西国や九州にできにくかったのか？西国や九州は中央政府とのつながりが強すぎた。地元であるだけ、政府の眼も行き届き反逆の機を狙えなかったことが一つ。もう一つは東国のそれぞれの武士団内部の結束力の固さがどうやら西国には稀薄だったらしいことだ。

東国武士は無警察状態に近い山野で、血で血を洗う戦を続けてきた。それだけに武士団内部の結束は固い。それぞれの親分は厳重な統制をとって子分を動かすかわり、手柄を立てればただちに褒美を与える気前のよさを忘れなかった。これがもう、かれこれ二百年間も続いている。親分に強制的に働かされるのではなく、

「親分の勝利は俺たちのプラス」

という実感から強力な連帯感を育んできた。

しかも、東国武士団は一一八〇年の旗揚げ後、五年間、内部の組織固めを続けてきた。その中で頼朝の命令が各部隊長クラスへ出されると、それが隊長から隊員へと伝わる一大ピラミッドが形成されていった。

これを封建制ヒエラルキーというが「封建制」をはずしてみれば現在の会社の組織と同じことである。

というより、外国を羨しがらせているわが国の組織社会は八百年前すでに成立していたと考えるべきなのだ。この筋金入りの組織は歴史の浅いアメリカなどに、とうていまねのできるものではない。一人のイデオローグなしに実感によってこれを築きあげた東国武士団に、ここで改めて敬意を表すべきであろう。

鎌倉製コンピュータの活躍

残念ながら、義経は東国育ちではない。だから東国武士が肌で伝え、感得してきたこのヒエラルキー、三角形の組織への理解が不十分だった。彼の悲劇はそこにある。木曽攻め、平家攻めは、いわばこの三角形の西への大移動だ。このとき東国武士団は、歴史はじまって以来ともいうべき大実験をやっている。というのは、トップである頼朝は鎌倉を動かず、この三角形をリモート・コントロールするという方式だ。古代の坂上田村麻呂も、同時代の木曽義仲もみな陣頭指揮だ。はたして、頼朝が動かずに、東国武士団という三角形は崩れずにその姿を保てるだろうか。

出陣にあたって、だから東国武士団はこれに備えた方式を編みだした。すなわち、総大将は頼朝の「身代り」である範頼と義経。ただしこれはあくまでも頼朝の身代りをつとめる象徴的存在で、独断専行を許さない。その行動をチェックするのが「眼代」または「軍監」という存在で、彼らは総元締として人々の行動を統轄する。部署の配置、出陣の順序を申し渡し、すべてを取りしきり、全軍がこれに従う。またその戦闘の経過、功績の有無を記録し、頼朝に報告する。これが後日の恩賞の基本台帳になるから、あくまで客観的でなければならない。功績は本人の申し出によるが、それには確実な保証（たとえば討ちとった首とか、味方の証言とか）が必要だ。もちろん失敗、落度も洩れなく報告する。総大将もこの眼代に相談せずに陣を進めることは許されない。

今ならさしずめコンピュータの役である。すべての情報を叩きこんで頼朝へ送るから、頼朝は誤りない指示を与えることができるのだ。このミスター・コンピュータともいうべき役が、義経における梶原景時（かじわらかげとき）、範頼における土肥実平（どいさねひら）だったのである。

範頼はよくコンピュータを使いこなした。彼の分担した中国筋での戦は苦しかったが、結局大過なくつとめられたのは土肥実平と相談して対処したお蔭である。

義経はコンピュータと喧嘩してしまった。思う通りの答をひきだせないと、

「こいつは役に立たない！　合戦にコンピュータなどいるもんか」

どんどん戦を進めてしまった。また景時コンピュータは意地が悪いほど正確で、そうした義経の行状を逐一記録してしまったので、頼朝は、

「義経は俺にも相談なしに勝手なまねばかりやりおる」

と怒ったのである。

たしかに合戦は理詰めではいかない。勘が必要だ。が、それは局地戦のことであって、総合戦略を考えるときは、軍隊内の融和（ゆうわ）が必要であろう。景時が、義経を評して、

「しょせんこの殿は大将の器（うつわ）でない」

といったのはこのことを指すのである。

義経の「勝利」は失敗だった

それに、奇妙ないい方をするようだが、義経は滅茶苦茶に勝ちすぎた。これは頼朝の望むところではなかった。頼朝は朝廷から合戦にあたって、「平家一門に奉じられて都落ちした安徳天皇と三種の神器を無事に取り戻すこと」を条件として申し入れられている。

が、結果はどうか。安徳天皇は入水し、宝剣は行方知れず。取り戻したのは鏡と玉璽のみ。これでは頼朝としてはすなおに喜べない。

一方、義経とすれば、

「勝ちゃあいいんだろう。文句いうな。合戦の現場に立ってみろ。そんな器用なまねができるかっていうんだ」

現場と首脳部の間にいつも起りがちのトラブルである。しかし、この戦の意義が何だったか、全体的な把握ができていれば、義経はそんなことはいえなかったはずだ。

さきに書いたように一一八〇年の東国の旗揚げは、これまで西国の支配にあえいできた彼らの独立運動のようなものである。アメリカの独立運動を考えていただくと、彼らの立場がよくわかる。

西国（当時の政府の中心は平家）はこれを反逆と見て鎮定しようとしてこれに失敗する。

頼朝はそのころから後白河法皇に申し入れを行い、東国の独立性を認めさせる動きをしている。のちにこれは成功し、西国と東国のいわば二重支配が行われるのが鎌倉時代である（もっとも、東国と西国の境はどこかというとこれはなかなかむずかしい問題で、東国の中にも西国の権利は温存される一方、西国へも東国の権利がじわじわ浸透してゆく、と見た方がいい）。

この最初の時期にあたって、頼朝がいかに平家を倒し、いかに後白河と妥協するかはじつに微妙な問題であって、義経のような荒っぽい結論の出し方は、頼朝の好むところではなかった。ここでも義経はせっかく勝ちながら、ナンバー2の責務を果していない。ナンバー2は何をおいても大勢の把握が大切なのだ。細部にこだわったり、部下と対立して全体の動きを見逃すようでは落第である。

京都KKの甘いささやき

さらに義経は重大なミスを犯している。この合戦の終らないうちに、彼は頼朝に無断で、朝廷から左衛門尉（検非違使尉を兼任）という官職を貰ってしまったのだ。後を追いかけて従五位下に叙せられ、大夫尉と呼ばれるようになる。大臣や納言という高級官僚ではないが、武士にとっては憧れの的、現在の警視総監に似た花形ポストである。そして頼朝を激怒させたのは、まさにこのことなのであった。

さきに少し詳しく書いたように、頼朝は東国武士の行状は眼代に逐一報告させている。後に公平に恩賞を与えるためだ。だから、頼朝は出陣にあたって、

「恩賞は後でまとめて朝廷に申請する。ぬけがけで貰わないように」

といい含めている。

また朝廷にも、同じように、個別に恩賞を与えないでくれ、と申し入れをしている。これは頼朝の心が狭いからではない。統一して恩賞を配分しないと、苦情や仲間割れが出るからだ（たとえば取締役に十万、平社員に百万というような事態を想像してほしい）。

そのことを義経は理解していなかった。

——頼朝の弟だから自分だけは別。

と甘く考えていたのかもしれない。

この「恩賞」を現在の生存者叙勲のようなものと思っては困る。この場合、頼朝は鎌倉株式会社の社長である。義経はまず、専務。この専務が京都株式会社の発注した仕事をしに行く。当然支払は鎌倉の本社が受取り配分すべきものだ。ところが、義経は現地で支払をうけ、勝手に部下に分け、その上京都株式会社のポストを与えられてしまった。しかも京都は老舗（しにせ）、鎌倉は設立したばかりの不安定な新会社だ。そこの専務が別会社に就職してしまっては困るではないか。しかも老舗側は老獪（ろうかい）で、

「どうです。あなた、わたしたちと合弁で仕事をやり、鎌倉株式会社を潰してしまおう

じゃありませんか。そうすりゃあなたは社長だ。何も頼朝などにぺこぺこすることはない」

などと持ちかけたので、義経はついふらふらとその気になってしまったのだ。

するとこれを見ていた東国武士も、われもわれもと官位を望みはじめ、事実十数人が任官してしまった。とかく人間はオカミの下さる肩書には弱い。頼朝との間にとりかわされた約束はフイになりそうな状態が現出したのである。頼朝は鎌倉で真赤になって怒っている。そのとき任官した人々へ彼が投げつけた言葉がふるっている。

眼ハ鼠眼（ネズミマナコ）ニテ只候フトコロ任官稀有（ケウ）ナリ（鼠のようなきょろきょろ眼が任官などとは珍しいぞ）

音様シワガレテ、後鬢（コウビン）サマデ刑部（ギャウブ）ガラナシ（しわがれ声で後鬢の格好も悪いあいつ、刑部丞（じょう）っていう柄かい）

日頃物静かな頼朝、すっかり取り乱している。そして、

「お前ら、勝手に朝廷に仕えるがいい。もう東国へ戻るな。本領は召しあげだ。帰ってきたら斬罪だぞ」

と凄んでいる。頼朝はせっかく築きあげた三角形が根底からくつがえされることに危機感を感じたのだ。

それにしても、この雪崩（なだれ）現象の発端は義経の任官にある。

——あいつさえ、任官しなかったなら……

頼朝は煮えくりかえる思いである。このとき怒鳴りつけられた面々は平身低頭で謝罪し、やっと許してもらった。ところが義経は自分の重大な過失に気がつかない。

「大夫尉になるのは、わが家の名誉だと思ったから頂いたんです。私のどこが悪いの？」

こういうことをいうから、鎌倉へ帰って来ても、彼は頼朝から対面を拒否されてしまったのである。

失敗見本帖の利用価値

ナンバー2として、義経はどこが欠けていたか、もうくりかえす必要はないかもしれない。

彼の失敗の第一は現状認識の欠如である。このときの戦は、単に源氏の平家への仇討ではない。第二次世界大戦後、各地に起った植民地の独立戦争にも似た、歴史的転換点に立った戦だった。そのことがよく呑みこめなかった彼は、平家を倒して平家のように出世することしか考えていなかったのだ。

第二は、組織の中の自分の位置づけができていなかった。彼は有能だが、組織の中の一人にすぎない。ワンマンの独断は許されないのに、才能に任せてやりすぎてしまったのである。手腕のある営業マンや技術系のナンバー2によくある失敗である。

大体、彼の行動は華やかすぎた。ナンバー2にスタンドプレーは禁物である。少なくとも、彼の名声のお蔭でナンバー1が霞んでしまうようなことがあってはならない。たとえ、ナンバー1がロボット的存在でも、それを表面に押し出して、自分は黒子に徹するべきなのである。

それに個人生活にも難点があった。一つは都きっての名白拍子、静御前を恋人としたことだ。白拍子というのは、男装の舞姫で、いまならさしずめ、宝塚の男役スターといったところである。兄貴の頼朝が田舎女の北条政子を妻にしているのに、天下のスターと浮き名を流しては、反感を買うにきまっている。

さらにもう一つ。これはあまり知られていないことだが、彼は大納言平時忠からも娘をあてがわれた。時忠は九九ページ以下に見るとおり、平家一門の名ナンバー2だ。清盛の妻の弟で大変な策士である。平家の繁栄を築きあげた功労者で、壇の浦で捕えられたものの、どこでどういうふうにたらしこんだのか、都に戻ると、自分の娘を義経にめあわせてしまった。時忠は平家側の大ものだから、都へ帰ると能登へ配流されることにきまったが、ふてぶてしく居直って、なかなか配流先に行かない。これは娘婿になった義経が蔭で工作していたのではないだろうか。これも頼朝を憤慨させる種となったのはたしかである。

鵯越の奇襲とか、屋島上陸作戦とか、たしかに義経の戦術は水際立っている。軍事的才能は日本史の中でも指折りといっていい。しかし惜しむらくは、戦略的才能は欠如していた。全般を見通して、何をなすべきかを考えなかった男は、しょせんナンバー2にはなり得ないのである。

そういう事情がわかってくれば、後の義経伝説などは、伝説の世界のものであって、現実には何の意味も持たないことが理解できると思う。歴史小説を書いていると、しばしばこんな質問をうける。

「義経は奥州藤原氏に討たれたのではなくて、秋田や青森を通って、北海道まで行ったそうですね」

「いや、それどころか、大陸に渡って、ジンギスカンになったというじゃありませんか」

少し余談かもしれないが、第一と第二の質問には別々に答える必要がある。

人の生死はその場にいあわせた人でなければ確認できない。だから、もしかしたら彼は生きのびたかもしれず、秋田や青森、さらには北海道に渡ったかもしれない。渡らなかったという証拠がない以上、完全に否定することはできない。しかし、これが伝説というものである。だから義経は伝説の世界では永遠の英雄であり得るわけだ。

では彼はその後、鎌倉のナンバー2として復活したろうか？　答は絶対のノーだ。つまり、肉体的生命はともかく、ナンバー2としての歴史的生命は完全に絶たれたのだ。たとえ余命を保っていても、もう彼はナンバー2としての生命は失ってしまっている。

歴史小説は、伝説の世界ではなく、歴史の中で誰がどれだけの仕事をしたかを扱うものなので、それ以後の義経には関心が持てないのである。

二番目の問題は少し事情が違う。これは全くのウソだ、とはっきり答えることができる。たまたま生存年代が重なることと、源義経と読めばどこやらジンギスカンに似てくることからの思いつきだ。かなり著名な学者がいいだしたので一時話題を呼んだが、むしろこの珍説の生れた背景を考えることの方が大事である。

このジンギスカン説は、ちょうど日本が大陸侵攻を試みる少し前に起った。すなわちこの珍説は、日本の大陸侵攻を正当化しようという一つの試みなのだ。

「義経は大陸に渡って中国を征服した」

だから、自分たちも……という下心が覗いている。これは極端な例だが、歴史の見方というものは、恐しいまでにそれをいいだす時代を反映している。義経ジンギスカン説ぐらいこのことを証明するものはないだろう。

ともあれ、これらの伝説・珍説は、ナンバー2としての義経の分析にはあまり役に立たない。残念ながら、これまで見てきたとおり、義経はナンバー2としてはみごとな失敗例としかいいようがない。その意味で彼の存在はナンバー2をめざす方々への教訓を含んでいる。

華やかなスタンドプレー。ナンバー1の存在が霞みそうな人気、周囲との対立、状況判断の甘さ、自分の作戦（技術）への絶対的な自信……。中でも彼の最大の失敗は、鎌倉の頼朝の許可を得ずに、左衛門尉になってしまったことだ。つまり彼は他社の引き抜きに応じ、墓穴を掘ったのである。

有能なナンバー2に多い引き抜きの誘惑に如何に処するべきか。こういう方々は義経の失敗をよく検討していただきたい。

徳川秀忠——花咲くモグラ戦術

幸運の代償は古女房

生れながらにしてナンバー2を予約されたような人物がいる。個人会社的な色彩の強い企業体の二代目、三代目がそれにあたる。ナンバー2、いや3、4、5……だって至難のこのごろ、羨しいような話だが、しかし、ある意味では、最も危険にさらされているのは彼らかもしれない。現代よく見られる同族会社の内紛は、それをよくしめしている。

大体創業者はひとかどの人物である。社会的な評価も定まっている。それに比べて、二代目はどうも見劣りがする。

——創業時代の苦労を知らない。坊ちゃん育ちだ。

といわれることが多い。二代目の辛いところはそのあたりにある。うまくいってもともと、少しでも失敗すれば、やはり器ではないの何のとたちまち袋叩きに遭う。

——ああ、二代目なんかに生れていなかったら。俺だって平サラリーマンでやっていたら、かなり優秀社員で褒められるところなのに……

わが身の「幸運」を呪うのはこんなときである。

歴史上にも、こうした「幸運」に泣いた人物が何人かいた。その一人として、徳川秀忠をとりあげてみたい。いうまでもなく家康の息子、徳川幕府の二代将軍である。

が、彼は単なる不運な二代目ではない。むしろ、彼こそは偉大なナンバー2、以後徳川家を十数代続かせた最大の功績者といってもいい。家康や三代家光の蔭にかくれて、とかくその存在は霞みがちだが、むしろ最近では彼の力量を評価する学者も増えている。

じつをいうと彼は生れついてのナンバー2ではない。なぜなら彼は家康の三男坊、そのままの地位でいれば、とうてい将軍の座は廻ってくるはずがなかった。

ところが長兄の信康は非運の最期を遂げた。まだ家康にさほど力がなかったころ、織田信長の娘、徳姫と結婚させられたが、さまざまのいきさつがあって、信長のために自刃させられてしまった。政略結婚の悲劇であるが、これは信長が信康の才幹を見ぬき、生かしておいては、わが息子たちの恐るべき敵になると思って殺してしまったのだともいわれている。真偽の程はとにかく、そう思われても当然なくらい、彼は優秀な若者だった。家康は後々まで信康の死を悲しみ続けたという。

次兄の秀康も早死した。彼は秀吉の養子となり、中世以来の名門、結城氏を継いでいる。これも秀吉と家康との政治的な取り引きで、いわば家康が秀吉に息子をむしりとられたようなところがある。しぜん秀忠が徳川家の後継にきまった形になったが、勇猛な

武人タイプの秀康に比べると秀忠はどうも冴えない。家康も彼を後継にすることには、

——こいつではなあ……

内心不安を感じたのではないだろうか。おとなしくて正直なのが取柄といえば取柄だが、しかし、戦国乱世では、むしろこんな取柄は最大の欠点でもあるからだ。

もっとも、秀忠にとっても、後継の座は決して有難いものではなかったかもしれない。そうきまると、豊臣秀吉のお声がかりで、六つも年上の女を妻にしなければならなかったのだから……。彼女の名はおごう。お江、小督などとも書く。淀殿の妹、つまり信長の妹のお市が近江の浅井長政に嫁いでもうけた三人姉妹の末娘だ。多分江州生れだからおごうと呼ばれたのだと思う。

このとき彼女は二十三歳、すでに二度の結婚歴がある。一度は生別、二度めは死別。いずれも秀吉のきめた縁談で、二度めの夫は秀吉の甥の秀勝だった。秀勝が朝鮮半島出兵の折に病死したのでその間に生れた女の子を姉の淀殿に托して秀忠と結婚することになったのである。

十七歳の秀忠はもちろん初婚、選りに選って、年上の古女房をあてがわれるとは……うれしくも何ともなかったろうが、おとなしくこの古女房をうけいれた。その後もほとんど浮気らしい浮気もせず、二人の間には多くの子女が生れた。

思えばこれが、ナンバー2としてのがまんの第一歩である。たしかに幸運でナンバー

2になれた人は、その代り人一倍のがまんが必要だ。十七歳の彼が、早くもそれを心得ていたのだろうか。幸運の代償は払わねばならぬ、と心にきめていたのだとしたら、彼もなかなかのものである。

大失敗、大失点

こんなにがまんをしたものの、その後、彼はとり返しのつかない大失敗をしてしまう。秀吉の死後に起った関ケ原の合戦に、何と彼は後れをとってしまったのだ。

このとき、家康は周知の通り東海道を進んだが、秀忠は兵を率いて中仙道（なかせんどう）を進んだ。ところがその行く手に、真田昌幸の守る上田城があった。昌幸は音に聞えた戦さ上手である。彼はその城を攻めあぐね、やっと関ケ原についたときは、戦いはすでに終っていた。

「何たるドジ、マヌケ！」

家康が怒るのも無理はない。天下分け目の戦いに間にあわなかったのだから。

「面目次第もござりませぬ」

彼は平謝りに謝るばかりである。二代目としては最も辛いところだ。家康と違って、実戦に馴れていない弱味をさらけだしてしまったのだ。もっとも、これは不運な面もないわけではない。家康の進んだ東海道筋の大名は抵抗もせずに、みな家康の軍を通過さ

せている。秀忠はぶつかった相手が悪かったのだ。しかし、

「父上だって途中で抵抗されたら、うまく関ケ原で戦えたかどうか」

などとはいえない。ましてや、

「父君だって、お若いころは、三方ケ原の合戦にお負けになったではありませんか」

などといってしまってはおしまいである。ナンバー2たるもの、ここががまんのしどころである。


しかしこのことは、秀忠にはかなりこたえたらしい。後に大坂冬の陣の折には、

「今度こそは、関ケ原の二の舞はしないぞ」

とばかり先鋒の伊達政宗を追越さんばかりの猛スピードで息せききって大坂に駆けつけた。


が、そのために、彼はまたもや家康から大目玉を喰う。

「隊伍を乱して慌てて駆けつけるとは何ごとか。それで大将がつとまると思うか」

なるほど、このときは秀忠の本隊だけが先行してしまって、彼の率いる大部隊はこれに追いつけなかった。総指揮官としては、たしかに手落ちである。


重ね重ねの大失点・大失策。正直すぎてはったりがきかない、彼らしい生き方が丸出しである。このとき彼はすでに父の譲りをうけて将軍の座についている。名目的にはナンバー1であるはずの彼が、作戦――つまりそのころの中心課題で落第点をつけられる

とは、全くの形なしではないか。

　これが二代目の辛いところだ。

「もう俺がナンバー1なんだ。隠居は黙っていてもらおうじゃないか」

　こういいたいところである。あるいは、

「文句があるなら、そっと伝えてくれりゃいいのに。あれじゃ、こっちの面目丸潰れだ。今後下の者へのしめしがきかなくなる」

　というようなことにまで発展しかねない。悪くすると感情的対立を招くのがこの種の問題である。そして、じつはナンバー2にとって、一番重大なのはこういったときの対応の仕方なのだ。

　では秀忠はどうしたか。じっとこらえて家康に頭を下げた。またこのときの合戦では、和平交渉に応じようとした家康に、秀忠は最後まで反対だったというが、結局、彼は父の意見に従った。こうした彼の態度は、ある意味でナンバー2への重大な教訓を含んでいる。

「ナンバー2とはがまんの役だ」

　一言にしていうならそれだ。ナンバー2の座にあるもの、ナンバー1にガミガミいわれたら、秀忠を思いだしてほしい。

「ん、まあ、秀忠だって、家康にはどやされ、面目をつぶされてるんだから……」

「あの秀忠だって、失敗もしてるんだから」

思えば秀忠は、ナンバー2にとって慰めの星である。しかも彼は決して凡庸な二代目ではないのだ。こうしてがまんしながら、彼は彼なりの生き方で、じわじわ独自の世界を築きあげていたのである。

ひそかにセールスポイントを

家康が駿府に隠退してからのことだ。あるとき、秀忠が御機嫌伺いに罷り出ると、

「よく参った。ゆるりと休んでゆくがよい」

家康は手廻しよく、側の女房の中から眼鼻立ちのととのったのを選んで、秀忠の許に菓子を届けさせた。

——独り寝は寂しかろうから……

女好きの家康らしい粋な計らいである。ところが、秀忠は、

「大御所さまからのお使」

と聞くと、恭しく招じいれ、彼女を上座に据えて、

「これはこれは忝けない賜りもの」

四角ばって菓子をおし頂いた。

が、会話はそこまで、一向にその先へと進展しない。意を含められてきた若い女房は

もじもじしている。と、秀忠はいぶかしそうにいった。

「はて、大御所さまからの菓子も頂戴つかまつった。もうお役目も終ったはず。ほかに何か大御所さまよりの御伝言でも」

「いえ、あの……」

「あ、左様か。もう御伝言もないか。御苦労であった。では、お見送りつかまつろう」

あくまでも大御所さま御名代として鄭重（ていちょう）に扱い、彼女を送り返してしまった……

　さすがの家康も、

「そこだけはまねられぬ。梯子（はしご）をかけても俺はあいつには及びもつかぬ」

といったという。

　何とも融通（ゆうずう）のきかぬ石部金吉！

　家康ならずとも、こんなまねができるか、阿呆くさ！　といいたいところだが、じつは、ここにセールスポイントの秘密があるのだ。家康は知っての通りの多妻主義。それも後家やら素性の知れない庶民の女など、手当りしだい、という趣（おもむき）がある。

　秀忠はどうやらこれの逆手を使ったらしい。親父どのも女に目がなかったが、息子も……というのは芸がなさすぎる。このへんでひとつ特色をという計画的な演技ではなかったか。

　あるいは、

「そんなセールスポイントなら御免をこうむるね。第一不景気でおもしろくもおかしくもないじゃないか」

という方もあるかもしれない。

が、じつは、このセールスポイントは、後で凄味を発揮するのだ。そのことは後でふれるとして、まず、このあたりに、秀忠の計算された細心の演出があることを認めようではないか。

ナンバー2たるもの、何事もナンバー1そっくりというのでは芸がなさすぎる。さりとて、まだナンバー1はピンピンしているのだから、あまりはっきり対抗意識を見せつけるのはまずい。その点、こんな行き方は、罪がなくてほほえましくていい。それほど親父どのを傷つけもしないかわり、自分にとってもデメリットにはなるまい……

たしかに、こうしたエピソードは、

「親父さまとはひと味違う」

という印象を与えるには効果的である。

どうやらこうしたマジメ人間秀忠の話は、彼自身の演出によるところも多いらしい。

マジメ人間が定着したころ、家康が、

「ああ律儀でも困ったものだ。世の中、律儀だけではいかぬからな」

と、側近の本多正信に洩らしたという。正信が、秀忠に、

「ですから、たまにはウソをおっしゃった方がよろしいのでは」

とすすめると彼は大マジメで答えた。

「父君の空言なら買う者もあろうが、俺のウソなど誰が買うものか」

が、これで見る限り、秀忠は全くのクソマジメ人間ではなく、なかなかユーモアに富んだ人物ではなかったか。ホントに融通のきかない大マジメなら、

「は、それでは気をつけて、時々ウソをつくよう心懸けましょう」

と答えるところである。

ともあれ、秀忠は、ひそかに父と違う自分を印象づけるのに成功した。ナンバー2としての作戦は着々進行中と見ていい。

鼓をやめたは何のため

とはいうものの、

「オヤジはオヤジ、俺は俺」

はあくまでも禁物だ。異を立てたいときこそ、むしろ、

「何事も大御所様の仰せのとおり」

というゼスチュアが必要ともいえる。考えてみれば、強力有能なオヤジなどというものは、めったに転がっているものではない。これこそ幸運、と割りきって、せいぜい利

用した方がいい。秀忠はオヤジ利用の大名人である。やる気十分の人間には辛いがまんだが、しかし、このがまんがなければ、ナンバー2はつとまらない。

　さりとて、全くオヤジのいいなり、一本立ちはできない、と周囲に思われないよう、ときにメリハリをつけることも大切である。その点でも秀忠はなかなか味な演技力を見せている。

　彼はあまり趣味のない男だが、鼓（つづみ）を打つことだけは好きだった。が、家康が死ぬと、その楽しみもぴたりとやめてしまった。側近が見かねて、

「何もそこまでなさらなくとも……お道楽とてなさらぬ上さま、せめて鼓ぐらいのお楽しみはお続けになったら」

　というと、彼はきっぱり答えた。

「いや、これまで自分は大御所さまの蔭にかくれていたから、何をしようとも世間の注目をあびなかった。しかしこれからは違う、世の耳目（じもく）は自分に集まる。自分が鼓好きとわかれば、ごまをすろうとして、天下の者みな鼓打ちになってしまうだろう」

　よく読めば、彼がかなり意識して家康の蔭にかくれていたことがわかる。また、それが彼のゼスチュアだったということを人々にわからせるために、彼は鼓という絶妙な小道具を使ったのである。あざやかな演出ではないか。

　ふつうなら、トップになったとたんに道楽をはじめるものだ。ゴルフだ、小唄だと天

下晴れてやるところ、秀忠はあえて逆を行った。かなり芸の細かい男である。

しかも、彼の言葉は意味深長だ。鼓を愛すれば、大名もこのまねをする。いや、それだけではない。鼓打ちが、政治的にチョロチョロしはじめる。秀吉が茶が好きだったのにつけこんで、茶堂（茶頭とも書く）の利休が政治的暗躍をしたのはこの例だ。利休と秀吉の対立については、さまざまの説があるが、秀吉サイドから見るならば、やはりトップシークレットを摑みすぎた利休が邪魔になったのだ。

秀吉もはじめは茶を政治に利用しようとした。ここでは身分の違うものが、かなり自由に顔をあわせることができる。たとえば武士と町人が政治がらみの密談をするには絶好のチャンスであり、事実、利休やそれ以前の茶人たちも、こうしたフィクサー役にはうってつけだった。こうして利休は私設官房長官的存在になってゆく。が、秀吉が博多商人と接触し、次の膨張策を考えだしたとき、利休は小うるさい存在になってしまったのだ。

こうした側近政治の弱味を秀忠はじっと見てきている。鼓師の中に利休まがいのものを作り出さないためにも、このあたりでスジを通しておこう、というのがその狙いだった。それと同時に、

「今まではオヤジに従っていた。が、もうこれからの俺は、これまでの俺ではないぞ」

と、彼は、はっきり宣言したのである。

こうして、彼は二代目将軍として腕をふるいはじめる。そしてその一つ一つが、じつは徳川幕藩体制を固めるための重要施策ばかりだった。逆にいえば、この秀忠の時代こそ、幕府の基礎を固めた時代だともいえる。もし、彼が世評のように凡庸な二代目だったら、たちまちに徳川政権は崩壊してしまったろう。しかもそれらの施策は、じつは彼がナンバー2時代に温めてきたものであり、それが実現できたのは、彼の握った人脈のお蔭である。そして、その背後から浮かんでくるのは彼の政治姿勢であり、ふしぎなことにそこに流れているものは、ここにあげたエピソードと微妙に重なりあっている。

大胆な人事掌握

彼が最も力を入れたのは、大名の転封、改易、つまり人員の配置転換と人事掌握である。現代の会社では、社員は会社に雇用されたのであるから、社長が交替しても、新しく辞令をもらうことはない。が、江戸時代の大名は、将軍がかわるたびに改めて朱印状をもらわなければならない。いわばこのしきたりの元祖が秀忠なのである。

こうすることによって、彼と大名との主従関係が再確認される。とりわけ領地が増えるわけでもないが、朱印状をいただいたというだけで、「ありがたきしあわせ」なのである。

同時に効果的な配置転換や加増も行われた。大坂の陣などの論功行賞も含んでいる。とりわけ近畿の場合は、京都および西国大名に眼を光らせるために、拠点を信頼できる譜代の連中に守らせた。これは、

「そなたたちを頼みに思うぞ」

という意思表示であって、彼らは秀忠への恩義を感じ、忠誠を誓ったはずである。

こうした処置を、秀忠はその初政にあたって、かなりの英断をもって行っている。家康の蔭にかくれて、名ばかりの将軍のように見せかけながら、彼はこの日を待っていたに違いない。

一方の改易――いわば罷免もかなり手きびしく行っている。思いがけないことだが、学者の研究によれば、改易した大名の数は、家康のそれに近いということだ。

大もの処分

中でも注目すべきは福島正則と本多正純(まさずみ)の改易だ。広島の大名福島正則は、周知のとおり秀吉の子飼いである。が、関ケ原の合戦にあたっても、いち早く徳川支持を打ちだした彼については、家康もさすがに手をのばしかねていた。その大ものを秀忠は遂に改易してしまった。

理由は、幕府の許可を得ずに広島城の修築を行ったからである。そして、もう一人の

本多正純の改易も、それを理由にしている。つまり法度（法規）違反である。何事も規則第一のマジメ将軍らしいやり方ではないか。それを正面にふりかざしてピシッときめる。真の理由は何であろうと、とにかく法度を楯に、大マジメにやるのである。

こうして改易させられた二人だが、正則と正純の場合はいささか事情が違っている。正則の場合は、あきらかに秀吉系の大名の取潰しであり、西国、九州筋の有力大名への見せしめだった。

「いかなる大身でも容赦はしないぞ」

というゼスチュアなのだ。たしかにこの事件に際して、九州の細川家などはかなり神経質になっていたらしい。

一方の本多正純の事件は、むしろ「宇都宮釣天井事件」として有名である。正純が釣天井という怪しげなしかけを作り、日光東照宮参拝のためにここに泊った秀忠を亡きものにしようとした、というのだが、これはもちろん作り話である。真相は秀忠宿泊の折に手落ちがあっては、と正純がひそかに城の防備を手直ししたということらしいのだが、このときも、秀忠は、

「動機は何であれ、無断修築は法度違反」

として正純を改易してしまった。

彼は父本多正信とともに、亡き家康の側近だった。若年ながら幕閣の最高機密にタッ

チし、人から一目おかれていた。諸大名も、何かといえば、正純にとりなしを頼む、というようなことが多かったらしい。

こうした先代の側近という人間くらい扱いにくいものはない。秀忠は、まさに機を狙って正純を失脚させたともいえる。さきに書いたように、

「少しはウソをおつきなさい」

とすすめたのは本多正信、すなわち正純の父である。このような調子で、正純にも人生の指南役などされてたまるか、というのが秀忠の本心ではなかったか。

こういう実力者を始末するのは勇気がいる。が、これは秀忠がさきに鼓の稽古をやめたのと姿勢は共通している。鼓打ちであろうと武士であろうと、側近風を吹かすものは拒否しようというのが秀忠の方針なのだ。

彼がこれだけ思いきった手を打てたのは、もちろん彼の周囲によき側近がいたからである。ただし彼らは、いわゆる怪物的な側近ではない。年寄衆と呼ばれ、のちの老中にあたる。安藤重信、酒井忠世、土井利勝、酒井忠利らがそれで、つまり彼らが一つの組織として機能し、秀忠を支えたのである。

「俺が乗りだせば、社長もいやとはいえない」

といったたぐいの、得体の知れない人物をのさばらせるのではなくて、組織による運営、合議による決定という合理性を打ちだしたのだ。家康もその方向へ向って進みつつ

あったが、その形を強化・固定させたのは何といっても秀忠だ。

法律の重視と組織による運営——ここに江戸時代的な法治国家が誕生する。そして徳川幕府が長持ちするのはこのためなのである。経営者の中には、

「俺がいなくては何一つできない」

と口癖にいい、それを自慢する人がある。豊臣秀吉はそのタイプである。そういう体制は長続きしない。その人ひとりのキャラクターでできることはたかが知れている。それよりもむしろ、

「俺がいなくても、ちゃんとやってゆける」

ような組織作りが大切なのだ。その意味で秀吉と秀忠と、どっちが力量があったか、といえば、秀忠に軍配をあげざるを得ない。しかし、自分がいなくてもいい、といいきることは勇気がいる。自分のおかげで世の中が保っている、と考えたいのが世の常なのに、そこをぐっと目をつぶって自己否定する——がまんで生きた秀忠ならではの生き方であろう。

彼は法を守り、組織を守るためには、かなり冷酷なこともやっている。弟の松平忠輝や松平忠直といった一門の改易がそれである。わが子家光の前途を守るためともいえるが、同族会社の安定のためには、時にはこうした荒療治も必要なのだ。長い目で見れば、これも幕府を長続きさせる秘訣である。

また彼はキリシタンを大量に処刑したり、外国貿易に制限を加えたりしている。次の三代家光のときに行われた鎖国、島原の合戦は、いわば秀忠路線の総仕上げともいえるのだ。

こうしてみると彼の政治姿勢はかなりきびしい。それでいながら、彼自身、冷酷な政治家というイメージを与えていないのはなぜか。それは彼らしい細かい配慮を常に怠っていないからだったと思われる。

たとえば、彼が江戸城近郊に鷹狩に行ったときなど、必ず獲物を佐竹義宣(さたけよしのぶ)に贈っている。これは東国の名門である外様(とざま)大名佐竹氏に対するゼスチュアではなかったか。また九州の有力大名には、時折自筆の手紙を書き送ってもいるようだ。鳥とか手紙とか、考えてみれば、それをやったところで、秀忠の身代がへこむわけでも何でもない。領土などをやる代りに、こんなことで効果的に義理を果す。なかなかの気配りでもあり、要領もいいのだ。

娘の入内にからんで

秀忠の本領を遺憾なく発揮したのは、娘の和子の入内(じゆだい)問題である。彼女を後水尾(ごみずのお)天皇の許に輿(こし)入れさせるという内約は、すでに家康在世時代に交わされていたのだが、大坂の陣に続く家康の死などによって実現の運びにいたらなかった。

秀忠は父の死、東照宮造営などが一段落すると上洛して、天皇に銀子千枚を献じたほか女院、天皇の生母、関白、宮家などにも、ふんだんに銀をばらまいた。和子入内のための懐柔策である。が、その直後、後陽成上皇が世を去ったので、このときも入内は延期になった。

その数年後、秀忠は再び上洛する。それまでに和子の輿入れの準備は着々進行していた。ある公家の日記に、和子や侍女たちの衣装が作られていた、とあるのを見てもそれがわかる。これはいわゆる公家風、宮中風の袿や袴といったもので、しきたりを知る京都の織手たちにまかされていたようだ。

ところが、秀忠の上洛中、突如、

「女御サマノ御供ノ衆ノキヌ調マジキ由」

という命令が伝えられる。この公家はびっくり仰天するが、どうやら支払の方は幕府が引きうけると知って胸を撫でおろす。

では、なぜ衣装の調製は停止されたのか。

秀忠が、

「今度の縁談はやめにしよう」

といいだしたのだ。

理由はひとつ、後水尾天皇が、側近に仕えるおよつという侍女に、去年と今年と二度にわたって子供を産ませたからである。

「うちの娘の輿入れの矢先、そういうことをさせるとは、不謹慎きわまる。そんなところに嫁にはやれぬ」

と秀忠は開き直ったのだ。その強硬な態度に、驚きあわてた後水尾の書簡が残っている。

「さだめて我等行跡（ぎやうせき）、秀忠公心にあひ候はぬ故とすいりやう申候。さやうに候へば、入内遅々候事、公家、武家共以て面目（めんぼく）しかるべからざる事に候条……」

自分の行跡が、秀忠の癇（かん）にさわったのだろうといい、自分は弟もたくさんいるから、それを即位させ、自分は出家する、とまでいっている。

　後水尾としても、多少ふてくされ、

「出家するぞ、それでいいな」

と凄んではいるが、何といっても面目を失うのは、不行跡を天下に公表される後水尾である。天皇ともあろうものが将軍から縁談を破棄されるなどは前代未聞だ。

　当時の記録を見ると、この上洛に際しても、秀忠は、天皇のほかに公家たちにも、たくさんの銀子をばらまいている。それは単なる御機嫌とりではなく、こういう事態になったとき、公家たちが騒ぎださないよう、鼻薬を嗅がしておいたのであろう。

　以後、折衝はかなり難航する。結局、後水尾は譲位を思い止まり、和子入内は先約どおりということになるのだが、秀忠はこのとき、凄みをきかせた強硬な条件を持ちだす。

「こうした宮中の風紀紊乱は、周囲の公家たちの不行跡にある」

として、数人の公家の配流や出仕停止を要求したのだ。その中には、もちろんおよつの実家である四辻家の季継も入っている。

つまり、天皇個人の不行跡ではなく、公家たちに責任転嫁したわけだが、このときも秀忠が、根拠としたのは、

「公家法度の違反」

であった。ここでも彼の法度尊重、法治主義が貫かれている。そして重要なのは、これを天皇と秀忠の個人的問題としてではなく、公家全体としての問題に拡大して、ぴしりと一本とってしまったことだ。

「法度の前では、天皇も公家も例外は許されない」

ということを彼は天下に公表したのだ。結局、和子入内はその後に行われるのだが、ここでも後水尾は抵抗を見せる。

「先に処罰された公家を赦免すること。それが行われなければ、入内させない」

幕府はこれをうけつけなかった。

「すべては将軍姫君の御入内後ということにいたしましょう」

その方針通り、公家たちが許されたのは和子の入内が実現した後であった。家康も

「公家法度」を作って宮廷の動きに枠をはめたが、秀忠はこれを楯に、具体的に宮廷勢力をねじふせたのである。

政治がメシより好き？


それにしても――。

この大業(おおわざ)は秀忠にして初めてなし得ることである。もし家康だったら、女にはかなりだらしのない彼は、かくまで正面切って後水尾から一本取ることはできなかったに違いない。秀忠は、自分の身辺の「御清潔」を売物にした。駿府で家康から遣わされた侍女をそしらぬ顔で追返した話を思い起していただきたい。なるほど――と思わず唸(うな)りたくなるような布石ではないか。

しかし、その故にこそ、私は、ここに秀忠の巧妙な演出を感じる。彼とて木石ではない。じつをいうと二度ほど側近の侍女に子を産ませているのだ。前の一人は早逝(そうせい)したようだが、後の男の子は保科(ほしな)氏に預けられてひそかに養育された。これが後に会津藩主になる保科正之(まさゆき)であるが、秀忠は正室のおごうを憚(はば)かって、彼女の生前は、この脇腹の子と対面しなかったという。

それで彼については恐妻家というレッテルを貼られているのだが、真相はむしろ、「御清潔ムードの秀忠」

というイメージに傷がつくのを恐れたからではないだろうか。

それにしても、側室腹の子が一人、二人というのはいかにも少ない。歴代将軍の中では謹直な方であることはたしかである。しかし、これは彼が噴きあげる欲望を抑えこんでストイックに生きた、というのではなさそうだ。

もしかすると、彼は政治が、メシよりも、イロよりも好きだったのではないだろうか。史上には稀にではあるが、こういうタイプが存在する。ふつう権力者に女色はつきものだと考えたがるものだが、時にはそれを超えたふしぎな人物が登場するのだ。フランス革命時代に登場し、ナポレオンとも五分に渡りあう怪物、ジョセフ・フーシェもその一人だが、彼はその気になればいくらでも女を手に入れることができたのに、生涯、あまり美人でもない妻ひとりを守り続けた。その代りに——といっていいほど、彼の権謀は、ひときわ群を抜いている。

秀忠から私が連想するのはこのフーシェである。彼もまた、権謀に魅入られるあまり、女などにかかずらう暇がなかった一人ではないのか。そういえば、この和子の事件の折でも、上洛中に実に彼はさまざまの手を打っている。

一つは京都でキリシタンを処刑している。これはキリシタン弾圧のみせしめである。あるいは天台宗の僧を招いて論議を行わせている。天台宗の難解な教義を聞くとは殊勝だが、これは宗教工作の一つである。朝廷が比叡山（ひえいざん）と歴史的に密接なつながりを持ち、その宗教的権威を利用したのと同じ狙いをいだいてのことであろう。その趣旨に沿って東叡山寛永寺が江戸に建立されるのは秀忠の死後であるが、構想はすでに彼の時代にはじまっていたと思われる。

また、さきにのべた朝廷工作の一貫として、九条忠栄が関白に再任されているが、この忠栄は、秀忠の妻、おごうが先夫羽柴秀勝との間にもうけた女の子の夫である。この娘はおごうが秀忠と結婚するにあたって、淀殿の手許にひきとられ、成人して忠栄の妻となったのだ。秀忠は公家の処罰に先立ち、おごうゆかりの忠栄を起用した。まさに彼の手にかかっては廃りものはない、という感じである。

女帝と秀忠

秀忠の治世はしかし短かった。一六一六（元和二）年家康が没してから病気のために一六二三（元和九）年に息子の家光に将軍職を譲るまで七年、その後、大御所として指揮をとったが、一六三二（寛永九）年没。その間に入内した和子が産んだ興子内親王が、女性の身で異例の即位を行い、彼は遂に天皇の外祖父にのしあがる。

もっともこの女帝即位にはさまざまのいきさつがあった。はじめ和子は後水尾との間に高仁という皇子をもうけた。秀忠はこの皇子を即位させるべく、後水尾にかなりの圧力をかけている。世に「紫衣事件」といわれるのがそれである。

当時名門の寺院の住持になるには、勅許を得る必要があった。勅許があって後、はじめて紫の衣を着ることが許されるのであるが、幕府はこの制度にも歯止めをかけ、勅許を得る前に幕府の承認を得なければならない、という「法度」を作っていた。

ところが、後水尾時代、法度を無視して、勅許を願い、紫衣を着る僧が現われたというので、幕府はこれに文句をつけ、元和以降の勅許を無効とした——簡単にいえば、これが「紫衣事件」である。秀忠はここでも「法度」を持ちだす姿勢を貫いている。しかも後水尾の勅許を取り消させたのだから、天皇の勅許よりも、「法度」が優先するという考え方であり、あきらかに後水尾への挑発である。

この事件は宗教界に大波瀾を巻き起した。有名な沢庵宗彭(たくあんそうほう)が出羽に流されたのもその一つである。しかし、幕府の狙いは宗教界を統制するだけでなく、もう一つの狙いがあった。後水尾が怒って、

「退位するぞ」

というのを待っていたのだ。そうすればただちに高仁即位——という計画だったが、これはみごとにはずれた。かんじんの高仁が早逝してしまったのである。

これを機に、逆転攻勢に出たのは後水尾である。幕府の手詰りを見越して「退位する」といいだしたのだ。

「興子内親王に即位させれば文句はあるまい」

というのがその言い分である。奈良時代の称徳女帝を最後に歴史から姿を消していた女帝の出現に秀忠は難色をしめすが、後水尾はかまわず退位を強行してしまう。

じつは後水尾の狙いは院政の開始にあった。当時の興子は七歳未満の童女である。政治が行えないのはわかりきっている。だから上皇として後水尾が実権を握り、平安末期の院政を再開させようという計画だったのだ。事実後水尾は幕府に相談もなしに、院の別当を任命したりして、着々その準備を進めはじめた。

秀忠と家光は、ここですばやい対抗策に出る。興子の即位を認めた上で、後水尾の待遇については、

「万事後陽成院の通り」

とした。院領は三千石、大名にも及ばない少額である。これでは尨大(ぼうだい)な院の所領をふまえた平安末期のような院政を行えるわけがない。一方では興子の周辺に眼を光らせ、何事も幕府の許可なしに公家たちが独断で行えないように厳重な枠をはめてしまった。

本心をいえば、秀忠にとって興子の即位は決して望ましいことではなかったようである。天皇の外祖父になることに目の色を変えた平安朝の藤原氏とは何という違いであろう。

——外祖父なんかになりたくないのに。

渋い顔をしている秀忠を想像すると、何とも滑稽だが、しかし、平安朝とは時代が違

うことを認識していた点で、院政復活をもくろんだ後水尾より、歴史感覚は一枚上というべきか。

しかも、期待せざる興子の即位であったにもかかわらず、この時点で幕府の朝廷に対する統制は強化されている。損して得を取った秀忠は、やはりしたたかというほかはない。

まさに虚々実々の駆けひきだ。これだけ見ると、後水尾の抵抗もなかなかしぶといが、しかし、その過程で、じつは、秀忠は家康のなし得なかったこと、いや初代の征夷大将軍源頼朝以来の重要な課題を一気に解決しているのだ。

狙いあやまたず

画期的な課題の解決とは?

武家の官位の叙任、昇進についての権利をすべて幕府が掌握してしまったことだ。逆にいえば、朝廷は公家の官位についてだけしかタッチできなくなった。権限の大幅縮小である。

これまでは、たとえば秀吉が関白になったときは、公家社会の序列の中に組みこまれる形をとった。もちろん彼自身の権力にものをいわせての割込みであり、家康が征夷大将軍になったのも、内大臣になったのもすべて同じ形である。しかし、秀吉も家康も天下の実力者ではあるが、形だけは公家秩序の中に入った、ということになる。つまり官位の任免は天皇を頂点とする公家的な序列に一本化されていたのだ。

それが、今度は公家は公家、武家は武家の二本立になった。武家は公家社会の序列や定員制に関係なく、幕府の権限で任命できることになったのである。

この話、あまりピンとこないかもしれない。例を現代にとってみよう。春と秋に行われる大量叙勲のことを考えていただきたい。これは政府が内定し、天皇が勲一等なり何なりを授ける、という形をとる。ともかく叙勲は国家、すなわち政府の手で一本化されている。それがたとえば労働者には労働団体が、政府に断りなしに、独自に同じ勲一等勲章を授けられる、ということになったらどうであろう。幕府がここで打ちだしたのは、いわばこういうことなのだ。政府がかりに誰かを勲四等にしたい、と思っているところを、労働団体がさっさと勲一等を授けてしまったら？　政府のお値打ちはガタ落ちだ。

日本の歴史はじまって以来、天皇と朝廷が握りつづけていたこの権利は大きく制限される。もちろん形の上では従来通り、朝廷から任命される形をとるが、幕府は割込制をやめて独立制をとったのだ。

これは朝廷の権威・権力を制限するとともに、もう一つの意味がある。たとえば朝廷が有力な西国大名に官位を与えて何かを企もうとすることは、もう不可能になったのだ。その意味で、これは幕府の有力大名への牽制球でもあり、福島正則の改易と表裏一体をなす政策であった。

このあたりに秀忠の政策の凄味がある。たしかに幕府は一応の安定期に入った。その次に行うべきは、心の許せない外様大名と朝廷に睨みをきかせること、それ以外はない。わが娘の入内という、見かけは平安朝を復活させるような大時代な行為の蔭で、秀忠は、狙いあやまたず、この両者を抑えこんだのである。

その意味で秀忠はすぐれた政策マンである。にもかかわらず、彼が正当な評価を得ていないのはなぜか。彼にとってはお気の毒のような気もするが、しかし、ここで、やたらに同情するには及ばない。いや、同情するようでは、あなたはすぐれたナンバー2になれない。

というのは、誰にも気づかれず、こっそりと大仕事をやってのけることこそ、秀忠のナンバー2的精神の真髄なのだから。はじめは父家康を、ついでは息子の家光を表面に押し出して、でき得る限り最小の名声で満足する。これこそ彼の望むところだったのだ。ナンバー2は名声をほしがってはいけない。

これは鉄則である。

――名もなく、したたか、狡猾に……

秀忠はその見本のような存在だった。あるいは有名にならなくては何の生甲斐があるか、という向きもあるかもしれない。

が、こういう目立ちたがりやには、ナンバー2はつとまらない。ましてナンバー1をだしぬいて檜舞台で踊ってみたいというようなタイプは失格である。

——じゃあ、何を生甲斐に？

その答はすでに書いた通りである。

秀忠はメシより女より政治が好きなのだ！

そして歴史というものは、史上の有名人ではなく、じつにこうした人間によって作られ、動かされてゆくのである。そして秀忠が幕藩体制固めという大仕事をやりぬけたのも、ナンバー2時代のがまんと、その間に事態をみきわめ、あらかじめ独自の組織作りを行い、緻密な現状分析を怠らなかったためなのである。

平　時忠――平家政権の仕掛人

キャッチフレーズ日本一

とにかくキャッチフレーズ作りでは日本史上随一だった。

「平家にあらずんば人にあらず」

平家一門の栄華を、たった十数字でいってのけたこの言葉、総大将平清盛のいったことだと思っている向きが多いが、じつはこれこそ、ここに登場する平時忠の言葉なのである。

もっとも、『平家物語』にある言葉は少し違う。

「此一門にあらざらむ人は、皆人非人なるべし」

人非人とは少しおだやかでないが、もともとこれは仏教の言葉で、人間以外の異界の異形の者、阿修羅とか迦楼羅などのことを指すのであって、「人でなし」とか不道徳な人間という意味ではない。それにしても、「平家だけが人間」というふうに聞えるこの言葉、ひどく思いあがっているように聞えるが、もう一つ付け加えると、この場合の「人」とは、人間そのものではなく「官界でしかるべきポストにつける人間」という意

味であろう。つまり、

「○○党主流派たらずんばヒトに非ず」

「○○派グループ以外は取締役になれない」

　ということなのだ。

　それにしても、平家一門の全盛期を的確にいいあてたこの言葉、選挙の度に登場する各政党にも、あるいは各企業のＣＭにも、こんな冴えたものはない。現代に生きていたら、まさにコピーライター大賞を獲得しそうなお方である。

　しかも、この一言は、いっそう世の中に平家ブームを巻きおこした。世の中の人は、どうかして平家にコネをみつけようとしたし、着物の着方、烏帽子（えぼし）の折り様（よう）、かぶり様まで、

「これが平家ふうだ」

　と聞くと、わっとばかりその真似をした、と『平家物語』には書いてある。ひところ流行したクリスチャン・ディオールふうのロングスカートやら、「真知子巻き」、近くはダイアナ妃ふうヘアスタイルの流行を考えればいい。流行にはわっと飛びつく人間の心理には今も昔も変りがないとみえる。飛びつく方も飛びつく方だが、しかし、ここではまず、それをにんまりみつめる蔭の演出者、時忠に敬意を表すべきであろう。こういう宣伝部長がいたら、会社の成長は間違いなしである。

しかし、それほどの大ものである彼の存在を、後世は忘れている。それどころか、彼のいいだしたキャッチフレーズまで、清盛の言葉だと思いこんでしまっている人が多い。何ともお気の毒の限りだが、しかし、あの世の彼は、

「なあに、いいんだ、いいんだ」

にんまり笑っているかもしれない。

「これぞ宣伝マンの心意気、名前は消えてもCMは残る」

などと感心してはいけない。

じつはこのあたりに、彼のナンバー2としての真骨頂があるのだ。しかもそれは単に名利を求めなかったのではなく、そこには二重の仕掛けがかくされている。そのことを、彼の生涯を辿りながら、じっくり考えてみたいと思う。

「院」という名の親会社

さて、「この一門にあらずんば」などといったが、彼は平清盛と血のつながる人間ではない。同じく、平家といっても全くの別系で、清盛一門を武家平家とするなら、彼は公家平家の出身といっていいだろう。父は時信、祖父も曾祖父も中流官吏で、どこまで遡っても、清盛家とはつながらない。同じ桓武平氏ではあるが、清盛は桓武の皇子葛原親王の子の高見王系だし、時忠は高棟王の流れを汲んでいる。ただ家系を見る限りで

は、時忠の方がややまさる感じである。直系の父や祖父ではないが、一族の中には参議にまで昇進した人物が幾人かいるからだ。参議というのは、当時の閣僚のはしくれ、つまり現在の会社にたとえるなら平取締役というところだが、もちろんそれ以下とははっきり区別される。

ところが、清盛の家系からは、それまで一人も参議に上った者はいない。一生役員待遇を得ずに終った家柄なのだ。やはり公家平家と武家平家との間には、格差があるようだ。

もっとも、当時はこうした表向きの官僚社会の序列だけでは権力構造は計りきれない情勢になっている。朝廷という親会社の裏に、院の庁(いんのちょう)という子会社ができて、それが親会社を操るほどになっていたのだ。

院の庁、すなわち、上皇や法皇に付随した役所で、以前は退位した上(法)皇の身辺の事務を取り扱うだけのものだったが、このころになると、天皇よりも院の権力が強くなり、むしろ、院の意向によって政治上の重大決定がなされるようになった。もちろん手続上は天皇中心の朝廷によって正式の政策決定が行われるのだが、何といっても院の発言力は無視できなかった。

それは当時の天皇のほとんどが年若な、というより幼帝と呼ぶべき存在になっていたことが一つの理由である。しぜんその父である院が実質上政権を握るようになる。さきに「院という子会社」と書いたが、むしろ院が文字どおり「親の会社」ではあり、朝廷は「子供の会社」に転落していたのである。

今でも社長を辞め、会長職におさまった人物が、依然として権力を把握しているとき、よく「院政」という表現が使われる。が、当時の院政が、現在よりはるかに強力だったのはこの院じたいが、さらに一つの会社を形作っていたことだ。現在の会社の運営は、取締役会や株主総会で決定が行われるわけで、会長もその中に参加し、個人的影響力を発揮するのであるが、院政は、院みずからが、子会社とは別に、より強力な企業体を持ち、その力で子会社に圧力をかけるのである。現実に子会社の役員が親会社の役員を兼ねていることが多いので、毎度毎度意見対立を来すというわけではなかったが……

この院の強力な発言力を支えるのは、もちろん経済力である。当時は全国に荘園ができ、この多くが院に寄進された。「寄進」というのは全部さしあげてしまうことではない。院を名目上の所有者と仰ぎ、その権威を笠に着て運営をスムーズにし、他からの侵略を防ごうというもので、その代償として院に名義料を献上するのである。そういう形で院の勢力圏の中に全国の荘園の系列化が行われたのだ。

その荘園の数は尨大なもので、しぜん院の庁でこの管理にあたる「預」という役は、大きな力を持つ。こうした院との結びつきを探ってゆくと、清盛の家がかなりのポストを占めていることがわかる。すなわち、清盛の父の忠盛は、すでに鳥羽院時代、院の御厩の預――つまり牛馬関係の牧の管理人になっているのだ。馬は当時の重要な資産の一つである。

忠盛はやがて預の上司である別当に就任する。この別当というのは院の庁にはたくさんいる。上位は朝廷の閣僚クラスが兼任する公卿別当、その次が四位の別当で、いわばこれが実力派事務官僚だが、忠盛は鳥羽院時代に、早くもその四位別当の仲間入りした。

では一方の時忠の家はどうか。父の時信の時代、忠盛よりやや後れて「判官代」として登場する。この判官代は別当より下だから、「院」という親会社では、忠盛の方が時信よりカオがきく、ということになる。そしてこの関係は、清盛・時忠の時代になっても変らない。鳥羽院政の前後の時期に、清盛は四位別当、時忠は判官代として登場している。つまり、時忠と清盛は、家柄では時忠が上だが、親会社でのポストは清盛が先行、という関係だったのである。

では、ほとんど同じような家柄の両者が深く結びついた理由は何だったのか。

華麗なる女地図

種明かしは簡単である。

時忠の姉の時子が清盛の妻になったのだ。子供の年から逆算して、結婚は一一四六、七（久安二、三）年ころ。どんな経緯で結ばれたのかはわからないが、そのころ「院」

という親会社内では、

平忠盛（清盛の父）　四位別当の上位

平時信（時子の父）　判官代

という関係にあった。院の庁で顔をあわせるうちに、年頃になった息子、娘の縁組がととのったとも考えられる。かりに久安二年とすれば、ときに清盛二十九歳、時子二十一歳、時忠は二十歳（十七歳という説もある）、官界に乗りだそうとしている年頃だった。あるいは時子が宮仕えしていて、清盛に見染められて、というケースも考えられなくはないのだが、結婚前の時子の履歴は全く不明なので、想像はさしひかえておこう。

ともあれ、この当時の清盛は、大変な資産家の息子であり、前途有望の青年であったものの、十数年後に到来する繁栄はまだ予想さえもできない状態にあった。時子との結びつきは、ごく平凡なものだといっていい。しかし、この結婚によって、清盛はかけがえのないナンバー2を得たことになるし時忠は彼の怪腕をふるう手がかりを得たのだから、歴史というものはおもしろいものである。

そのころ清盛は武家平家としての道を歩んでいた。父の死後、まもなく起った保元の乱、その三年後の平治の乱にともに勝利を獲得、まもなく参議の座にとりつく。父祖のなし得なかった閣僚クラスのポストへの進出である。

そのあたりでは時忠は別の動きを見せている。すなわち、平治の乱の起る保元四年

（その後平治と改元）二月、ある女性の御所に、彼は義兄の清盛とともに顔を並べている。

その女性とは上西門院統子という人で、後白河上皇の姉にあたる。統子はこのとき、門院を名乗るようになったのだが、これは男性の上皇などと同格で、専属の役所も持ち、莫大な院領を保有する優雅な身分である。清盛も時忠もこの上西門院付きの役人を兼ねることになったのだが、このとき時忠は要領よく、腹違いの妹の滋子をこの女院付きの女房としてその身辺に送りこんだ。

ここで、彼の系図をちょっと紹介しておく。

藤原顕頼女＝時信——滋子
時信＝女——時子・時忠
藤原顕憲＝女——能円
藤原基隆女＝時信——親宗

時忠と時子は同父、同母の姉弟である。その後時信は藤原顕頼の娘との間に滋子を、その後は同基隆の娘との間に親宗をもうけた。

女性関係がひどくお盛んのようにみえるが、しかしこのころでは決して珍しくはないことだ。結婚は男が女の許に通う形態をとるから、縁も切れやすいし、他の家に通うチャンスも多くなる。もっとも女の方も他の男性と結ばれるケースが多く、げんに時忠の母は、のちに藤原顕憲との間に男の子をもうけている。これが出家して能円と名乗る人物である。

ふつうの場合同母の兄弟姉妹は同じ家に生活もし、つながりも深い。しかし時忠は母違いの滋子や親宗ともけっこう親しくしていたとみえて、滋子の宮仕えを斡旋してやったのである。

が、これにはある魂胆があった。

――滋子は美貌だ。宮仕えに出れば、必ず人々の眼にとまるに違いない……

狙いはみごとに成功した。彼女は上西門院の邸を訪れた後白河上皇に愛されるようになり、やがてその皇子を生む。こうなれば滋子は単なる女院の女房ではない。後白河院の住む院の御所に迎えられ、栄華の日々を送ることになる。この滋子の生んだ皇子は後の高倉天皇である。高倉の即位によって滋子は建春門院と呼ばれるようになる。かつて彼女が仕えた上西門院といわば同格の地位を獲得するのだ。

ついでに、その先まで眺めておこう。この高倉の許に入内するのが、清盛の娘、つまり時子の産んだ徳子なのだ。すなわち、滋子の後押しをして後白河に近づけ、その皇子を即位させることによって、彼は姉と義兄のための栄光の道を開いてやったのである。まさにナンバー2としてのみごとなサポートぶり、時子も清盛も、時忠の絶妙な布石に感謝せずにはいられなかったろう。

時忠は囲碁・将棋の名人に似ている。十手、二十手先を読んで、さりげない手をうつ。じつは、この女系の布石には、まださきがある。徳子はやがて高倉天皇との間に皇子を生む。のちの安徳天皇であるが、この皇子が誕生したとき、その身辺で一切をとりしきる乳母（めのと）になるのは、何と彼の妻なのである。

　この当時の乳母は実に重大な意味を持つ存在だった。単に乳を含ませるだけでなく、幼いときは健康に眼をくばり、皇子が少し大きくなってからは教育の責任者になる。成人した後、うまく天皇になれば、女性秘書官として天下の機密に参画する。もっとも皇位を狙う競争者が多いときは、夫や子供ともども皇子を護（まも）って、凄まじい権力闘争をくりかえさねばならない。それだけに即位後の、彼女たち夫婦の握る権力は絶大なものである。

　院政期の天皇は幼帝が多いことはすでに述べた通りで、従って、なかなか、きさきを迎えるまでには到らない。平安朝中期のように娘を天皇のきさきにして権力を握るという外戚政治の出番がなくなってしまったのだ。

　それに代って天皇の側近にいるのは乳母だ。この天皇がやがて上皇になっても、乳母夫婦（夫も乳母夫（めのと）と呼ばれる）はぴたりとその身辺に密着している。だから摂政やら関白、大臣よりも、権力のあるのは乳母夫婦なのである。事実、院政期には乳母夫婦が実質的な権力者であり続けた。さきにふれた公家別当、四位別当には、そうした乳母やその一族がぞろぞろ顔を並べている。所領に対する経済的支配と、この乳母関係は、院政の両輪といってもいい。

もう、おわかりであろう、時忠の周到な戦略が。義兄の清盛という平家の象徴的存在を表面に押し出し、彼を太政大臣まで押しあげる一方で、彼は女系地図を、院政の上にびっしりと張りめぐらしたのだ。彼は後白河にとっては愛人の兄、高倉にとっては母の兄、安徳にとっては無二の乳母夫。それでいて、あくまでも表面には清盛を立て、つねにナンバー2の境界を越えない。

今ふうにいえば、彼は人脈拡張の天才である。各方面に触手を伸ばし、コネを作っておく。そんな副社長がいれば、社長は安心だ。しかも、あくまでも社長の座を狙わないで蔭の男に徹するとは、見上げたものではないか。

果敢に泥をかぶっても

宮廷社会はしかし恐ろしいところである。権謀術数に生涯をかけてきた男たちの集りだ。時忠がこんなふうに人脈作りに精を出しているのを指をくわえて見ていたわけではない。『平家物語』は高倉が即位すると、時忠が執権の臣となり、叙位、除目(じもく)(官吏の任命)もみな時忠の心のままになり、世の人は彼を平関白(へい)と呼んだ、と書いているが、事実はそんなになまやさしいものではなかった。

時忠の擡頭(たいとう)に露骨に敵意をしめしたのは、大納言藤原成親(なりちか)という男だったが、この成親の一族こそ、時忠が出現するまで、院政にはりついて権勢をほしいままにした連中である。

成親一族の出世もまた乳母や女系を利用したもので、成親の曽祖父にあたる顕季の母の親子が、白河天皇の乳母だったことから、急速に政界に浮上した。白河の院政は長期間にわたったので、その間に顕季はすっかり地歩を固めてしまったのである。

その孫、家成のときは鳥羽上皇の側近第一号となった。天下のことは全部彼がとりしきっていた、といわれたくらいで、当時、平忠盛は、遠くその威勢には及ばなかった。むしろ忠盛はその姻戚にあたる女性を妻に迎え（清盛の母ではない。弟の頼盛の母にあたる）、その権勢に一歩でも近づこうとしていた。

清盛とても同様である。若いころは家成の家によく出入りしていたらしい。この家成の権勢を支えていたのは、そのいとこで鳥羽上皇の寵愛を一身に集めていた美福門院得子である。

こうした中で育った成親は、だから若いころから後白河の側近第一号を以て任じていた。その彼の眼から見れば、建春門院と手を握り、高倉に接近している時忠の手のうちがすっかりわかる。

――そう勝手なまねをさせてたまるか。

そこで巧みな策謀をもって時忠下しを計画する。もちろん時忠も負けてはいない。その駆け引きは虚々実々、お互いの本心は見せず、はじめは所領問題をきっかけに、やがて比叡山延暦寺の座主を巻きこみ——といった具合に複雑な過程を辿りながら、時忠は遂に成親解任にまで追いこんでゆく。

が、成親もたちまち反撃し、今度は時忠が解任される。いずれもその背後には、後白河と高倉がいる。時忠は高倉を操って成親を解任させるが、成親は、時忠が、真の主権者である後白河に事情を説明せず、独断専行したという理由で、後白河を突ついて時忠解任を迫るのだ。さすがに成親との関係の深い後白河は、このときだけ愛姫・建春門院のとりなしにも耳を藉さなかったようだ。

一一六九、七〇（嘉応一、二）年のこの大騒動の中で、両者は解任されたり復活したり、シーソーゲームをくりかえす。これは最終的には後白河と高倉とどちらが権力を持つか、ということの時期によくある院政の体質にかかわる問題なのであるが、幼帝高倉に後白河に楯つく力があるわけはなく、蔭の立役者はあくまでも成親と時忠である。

が、これは時忠個人の戦いというより、顕季以来、院政の中核を占めていた、家成—成親一族への、平家一門の果敢な殴りこみなのだ。時忠はここで二つの試みをしている。一つは家成—成親と同じ形で権力の構図を描きはじめている自分とそれに連る女系地図が、成親たちを圧倒することができるかどうか。さらにもう一つは、平安朝を通じて続けられた外戚コースに平家一門が乗れるかどうか、である。このときまで清盛の娘の徳子は高倉の許に入内していない。が、時忠の胸の中には、多分この計画が秘められてい

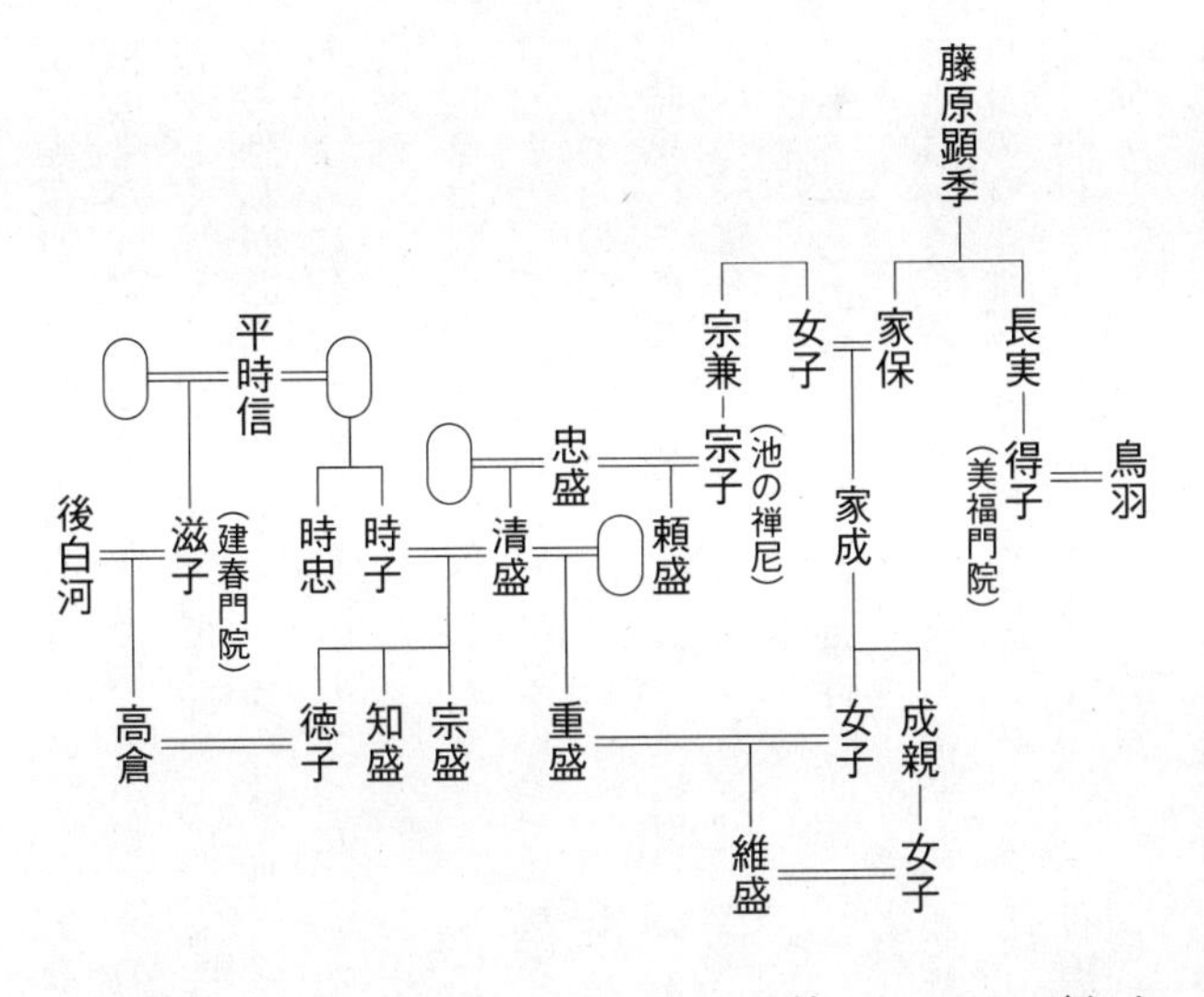

たと思う。この騒動の翌年に徳子入内が行われたことを思えば、この事件はまさにそのための地ならしだったともいえるのだ。

院政と朝廷、この両者を睨みながら、彼は体を張って戦ったのだ。清盛はもちろん、この戦いが、徳子の栄光をもたらすための露払い作戦であることを知っていたはずだ。

——俺の代理戦争をやっている。

義弟の活躍に彼はひそかにそう思ったに違いない。

ナンバー2は、こんなふうに時には泥をかぶり、修羅場をくぐりぬける覚悟が必要だ。事実、ものごとは、ナンバー1が自分で出てゆくとうまくゆかない場合が多いのである。これは少し後のことだが、源頼朝と梶原景時の関係についてもいえることだ。頼朝は旗揚げ以来の協力者、上総広常が、強大な武力を背景に、とかく自分の意に従わず、横柄なふるまいをするのを苦々しく思っていた。が、面と向って広常を叱りつけることは、かえって人々の反撥を買う恐れがある。これを知った景時は、双六の勝負にかこつけて、もののはずみであるかのように装って広常を殺してしまった。しかも後にその一族から抗議されると、頼朝は、

「広常はなかなか忠実な奴だった」

などと、ていさいのいいことをいって一族をなだめている。景時は頼朝に代って泥をかぶったのである。

時忠のこのときの戦いぶりはそれに似ている。清盛に全く傷のつかない形で、ライバルへの一撃を加えたのだ。

もう一つの戦い、鹿ケ谷事件

とはいうものの、時忠は決して清盛のために身を犠牲にして戦ったわけではない。彼自身の女系地図の強化はその狙いの一つだし、その後に行われた徳子の入内・立后に際し、彼は、ちゃんと中宮大夫——中宮付の役所の長官に任じられている。論功行賞はしっかり手に入れているのだ。

と同時に、もう一つ、彼は、ひそかな、しかし苛烈な戦いをやってのけているのだ。それは、自分のライバルたるべき平家一門のナンバー２候補をあぶり出し、これに対決を迫っていることだ。

時忠の最大のライバル——。

それは清盛の長男、重盛なのである。この重盛と時忠の対決は、いわば水面下の戦いで、とかく見過されがちだが、むしろ彼にとっては、これこそ本番の戦いであったかもしれない。史料を丹念に読むならば、重盛がさきの一連の事件にのっぴきならない関係を持っていることに、我々は、たちまち気づくであろう。

なぜなら、重盛の妻は、この事件の一方の立役者・成親の妹なのだ。しかも彼の息子の維盛は成親の娘を妻としている。つまり二重の縁で、彼は成親一族と結ばれているのだ。それに、彼は清盛の長男とはいえ、時子の所生ではない。彼の母親は高階基章とい
う、これも院の近臣クラスの人間の娘だが、すでにこの世にはいない。時子はその後で清盛と結婚しているのだ。そして時子の子供の数が増えるにつれ、継子である重盛は一門の中から浮きあがりかけていたのである。

成親と時忠の対決の中で、重盛はとりわけ積極的な動きはしていないように見える。これは彼が病気のために一時官界を退いていたからでもあるのだが、例の解任のシーソーゲームが行われている最中、成親が解任を取り消され、大納言に返り咲いたと同時に

権大納言に復帰しているのは意味深長である。少なくとも、彼が時忠に対立する立場をとっていることは、ここで明らかになるであろう。

この両者がはっきり対決するのは、その後間もなく起る鹿ケ谷事件である。これは例の成親がさらに同調者を集めて反平家のクーデターを企み、それが露見した事件であるが、このときは、がまんしきれなくなった清盛が軍事力を率いて登場し、成親を西八条の平家の邸に監禁してしまった。成親の一味で、同じく西八条邸に監禁された西光法師は成親の父の家成の養子になっていた人物で、つまりこれは成親一派の総力あげての挑戦だった。

このとき、重盛は、はっきり成親の味方をしている。西八条の邸に乗りこんでいって、清盛を説得するのが『平家物語』の「小教訓(こぎょうくん)」の場面である。

『平家物語』は一貫して重盛びいきの立場をとっているから、ここでも無法者の清盛を、重盛が静かにいさめ、成親をも殺そうとしているのを思い止まらせた、という書き方をしている。しかし、真相は必ずしもそうではない。重盛は自分の妻の兄の命乞いにきたのである。しかも成親の娘はわが子維盛の妻なのだから、女の縁にひかれて、彼自身も半ばは成親の一派であることを表明しにやってきたともいえよう。これは重盛が女々(めめ)しい人間であるというよりも、当時は女性を介しての結びつきがきわめて強力であったことをしめす一例でもある。

清盛は一応重盛の乞いを入れ、いったんは成親を殺すのを中止するが、結局、備後国(びんご)への配流の途中で、護衛の侍に殺させている。

結局、清盛は重盛の言い分を認めなかったのだ。これを成親対時忠の主導権争いという出発点にひき戻してみるならば、清盛は時忠側に立った、ということになるであろう。鹿ケ谷事件では、時忠は表面に出てこないが、清盛の手を介して、彼は宿敵成親に止めを刺す一方、清盛の信頼が、重盛よりも自分にあることを、はっきり確認させたのである。

実子よりも強力なナンバー2。その座を獲得したという意味で、鹿ケ谷事件は、彼にとっても画期的なものだった。執拗(しつよう)に彼は成親を追い廻し、遂に彼を権力の座からつき落した。と同時に重盛との戦でも勝利を得たのである。

このあたりにナンバー2としての彼の根性のしたたかさを見る思いがする。作戦は綿密に、そしてライバルに向っては決して擡頭を許さず、機会を捉えてはこれを蹴落す。この用心深さと果敢な闘志がなければ、長くナンバー2の座を確保するのはむずかしい。

情報マンと禿(かむろ)たち

平家はいうまでもなく軍事貴族である。強力な武力を、家の子、郎党として身辺にひきつけ、いざとなったら、この武力にものをいわせる。これがそれ以前の権力者と平家との違いである。彼らの本拠である六波羅（ろくはら）や西八条には、その豪壮な邸宅を取り囲むようにして、無数の部下の家があったらしい。いわば大兵営の中に清盛一族の邸がちりばめられていたようなものだ。

　しかし、時忠は、あくまで公家平家である。子飼いの武士などいるはずもないのだが、にもかかわらず、彼がこの軍事色の濃い権力体の中で、ナンバー2の地位を確保し得たのはなぜか。

　それは彼が、警察権を長く握り続けていたからだと思う。彼の握っていた役職の一つに検非違使別当（けびいしのべっとう）というのがある。検非違使庁の長官で、当時はこの検非違使庁が犯罪の捜査、都の治安維持にあたった。

『平家物語』に「禿髪（かむろ）」という章があり、清盛が十四、五、六の少年を三百人集めて、髪を禿（垂れ髪）に切り、赤い直垂（ひたたれ）を着せ、京中を歩かせ、平家に対する悪口をいう者を聞きだし、報告させた、と書いている。だから、平家全盛のころは、みな威勢を恐れ、蔭口をきく者がいなかったというのだが、これはフィクションというより、一種の物語的表現であろう。

　この禿たちは、いわばスパイである。スパイは自分の身を秘してこそ働けるので、揃いの赤い直垂などを着て歩いては、その役はつとまらない。その姿を見ただけで、人は口を噤んでしまうであろう。もっとも、これをデモンストレーションであり、恐怖政治の演出と見れば、納得もゆく。たとえば機動隊がものものしく市内をパトロールすれば、それだけで人の口を封じることはできるからだ。

しかし、その効果はあくまでも外見上のものにすぎず、本格的に政府への批判をくい止めることはできない。むしろこれは、もっと高度な政府側のスパイ活動と見た方がいいし、そうなれば、これを統率したのは、清盛よりも検非違使別当である時忠の方がふさわしいのではあるまいか。

当時は現代のような情報化社会ではない。テレビや新聞、ラジオによって、我々は数時間前地球の裏側で起った事件を知ることができる。まず、空気や水のように情報は転がっている、といってもいいのだが、当時は決してそうではなかった。

それだけに情報は貴重だった。とりわけトップシークレットを握れるのは最上層に限られていた。そのことは当時の公家の日記を見るとよくわかる。たとえば『玉葉（ぎょくよう）』という日記を残した九条兼実（くじょうかねざね）は右大臣を長くつとめ後には関白に上ったトップクラスの人物であるが、彼の書いている記事が、その次のクラス藤原定家（ふじわらさだいえ）（官僚としてより歌人、テイカとしての方が有名）の日記『明月記（めいげつき）』には、少し遅れて出てくる、というようなことがあるのだ。

それでいながら、この期の大衆は意外と時の動きに敏感である。もっとも見当違いに騒ぎたてたり、デマがデマを呼ぶ、といったことも度々あるが、それを上層部も無視することができなくなっているのがその当時の現状だったのではあるまいか。

自分自身、トップシークレットに一番近い地位にある時忠には、それを探るためには禿を動員する必要はなかったはずだし、また、禿による情報収集は不可能である。それよりも、時忠は世論の動向を探り、ときには世論操作をする必要を感じていたのではあるまいか。とすれば、これは当時の宮廷政治家がまだ手をつけていなかった情報分野の開拓であり、時忠は当時きっての情報人間だったということができるだろう。

それにしても、やはりこの禿の話は正直いってイメージが暗い。軍事体制下にある国家の情報統制を思わせるものがあり、警察国家的なしめつけを感じさせる。もっとも、平家政権じたい体質的には軍事国家である。平家は権勢を握るやいなや貴族化し、それまでの藤原氏と同じになってしまったと考える向きが多いが、本質は決してそうではない。たしかに貴族化し、優雅になってはいるが、邸宅の構えが大兵営に取りまかれる形になっていることを見ても、やはり平氏は完全に貴族化してしまったわけではないのであって、禿の話は、警察国家的なその体質をよくしめしている、ともいえるし、その頂点に時忠がいることは興味深い。

彼はたしかに貴族出身で武家の棟梁ではない。その彼が半ば軍事政権的な平家の中に溶けこんで、軍事力ならぬ警察力を握って、警察庁長官、情報局総裁をつとめているのだ。なみの貴族にはできない芸当である。

ナンバー2たるものは、情報に通じていなければならない。上に対する触覚も敏感に働かせる必要があるが、社内の下部、及び社外の動きも正確にキャッチすべきである。それにはやはり豊富な人脈を抱えていなければならないだろう。その象徴として三百人の禿の記事を読み返すならば、これはなかなか暗示に富んでいる。

さらにいえば、ナンバー2は集めたすべての情報を、そっくりナンバー1に提供する必要はないのである。豊富な情報を握りながら、その中の一部を、ときに応じて、ナンバー1にささやく。つまり抽出(ひきだし)をたくさん持っていて、そのときどきに有効と思われる所だけ開けるのである。全部を提供するのは、彼自身が抽出になってしまうことだ。抽出を多様化し、その鍵はあくまで手放さない——これがナンバー1にとって、彼の存在を必要欠くべからざるものとするコツである。時忠と清盛の関係には、どうもそんなところがある。

したたかな二重底

清盛が死ぬと、その後継者となったのは三男の宗盛である。重盛はそれ以前にすでに病死している。その後も、時忠は依然有能なナンバー2であり続けた。が、実質的には、この時点で彼の権力の構図は完成している。

当時の天皇は徳子の生んだ皇子(安徳)である。系図を見ればわかるように、この幼

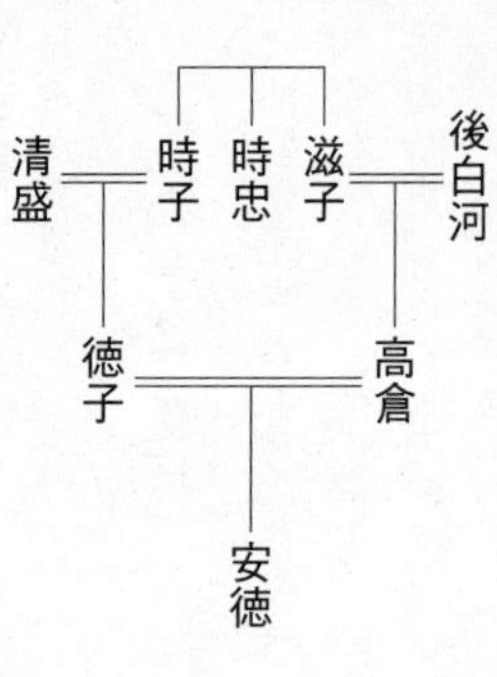

帝の父方を辿（たど）っても、時忠の血は濃く流れこんでいる。しかも安徳の乳母は彼の妻だ。安徳が幼い現在、院政は後白河の手に委ねられているが、安徳成人の暁、そして後白河退場の暁に、安徳の側近で政治を操るのは、時忠夫婦である。ライバルだった成親一族が築きあげた実質的な権力をものにしたのは、宗盛ではなくて、時忠一族なのだ。

あるいは安徳が成長し、彼の娘がきさきとして入内するとなれば、彼自身、第二の藤原氏、第二の清盛となる可能性もないわけでもない。こういう二重の構えを見せるのが、時忠の時忠らしいところなのだ。院の近臣団コースでもよし、外戚コースでもよし、彼の未来は洋々たるものだった。

ここでもう一度、「平家にあらずんば……」を思いだしてみよう。時忠が、「この一門」といったのは、案外武家平家ではなくて、時忠たる公家平家のことではなかったか……。そういえば妹の一人は院の寵姫となり、高倉の生母として「国母（こくも）」の地位に昇った。もう一人の妹は、次の国母、徳子の母である。中流貴族時信の子供たちは、未曽有（みぞう）の出世を遂げ、ために、亡き父時信は、左大臣正一位を追贈された。清盛の父の忠盛は、最終の経歴である刑部卿正四位のままであるのとは何たる違いであろう。もっとも、

「この一門とはあなたさま御一家のことで？」

とたずねても、多分時忠は、

——ま、そうも読めるな。

とでもいいたげに、にやりとするだけであろう。彼はつねに「二重底人間」なのである。当時彼は権大納言、甥の宗盛はすでに内大臣に昇進しているが、彼は官界のトップ争いには関心がなかったように見える。あるいは、出世は安徳成人の後、と遠大な計画を秘めていたのかもしれない。このころ、異腹の弟、親宗も参議に昇進した。彼はこつこつと事務官僚としての腕に磨きをかけながら、隠れた片腕として兄の活躍を支えてきた。いわばナンバー2のためのナンバー2という存在であるが、ともあれ、時信の息子は二人ながら父の手の届かなかった閣僚クラスの座を獲得したのである。

危機一髪にこの一言

が、残念ながら、時忠の秘めたる野望は挫折する。周知の通り、一一八三（寿永二）年、木曽義仲が大挙して都に押しよせ、平家は都落ちを余儀なくされるからだ。この三年前、伊豆の頼朝も反平家の旗を揚げている。ただし頼朝の方は義仲よりもさらに賢明で、東国の地固めを行いつつあり、この時点では都になだれこむ気配は見せていなかったのであるが。

この頼朝、義仲の動きは、革命運動ともいうべきものだった。単なる平家に対する源氏の仇討ちなどではない。地軸をゆるがし、平家の握る国家権力と正面切って対決する、歴史的な意味を含んだ革命的な行動だったが、残念ながら時忠のレーダーはそれを捉えていない。ここに公家時忠の限界がある。彼の放った赤禿（あかかむろ）の情報は都一帯に限られており、歴史の大きなうねりまでは捉えていなかった。

平家が都を離れるとき、時忠も、もちろん行をともにしている。が、親宗は都にいる。一方、父は違うが母を同じくする僧の能円は時子、時忠に従っているから、どうもこの当時、いざとなると母を同じくする子どうしが結束するという傾向があったのかもしれない。

時忠はその後も、ずっと安徳天皇の側にあったようだ。天皇がいて、天皇のシンボルである三種の神器も持っているのだから、彼らには本家はこちら、という意識がある。都帰還の夢も棄ててはいない。そしてその夢が実現したとしたら、時忠は艱難（かんなん）をともにした無二の側近として、ふたたび都で政権の中心に返り咲くはずであった。

が、これも裏目に出た。木曽義仲を滅亡させた源氏は、強大な武力で平家の帰還を阻んだのである。一の谷、屋島、壇の浦――と敗戦を重ね、遂に平家一門は滅び去るのであるが、このときの人々の動きをまず眺めてみよう。

時子＝安徳天皇を抱いて入水。

知盛（清盛の子・時子所生）＝船の中を見苦しくないよう整理して入水。

教盛（清盛の弟）ほか多くの人々が入水。

宗盛（清盛の子）＝身を投げたが捕えられた。

徳子（清盛の娘）＝右に同じ。


では、時忠は？

彼は海にも飛びこまず、命を長らえた。しかも、源氏との対決の瞬間がドラマティックである。

いよいよ敗色濃く、安徳の乗っていた御座船にまで、源氏の荒くれ武者が飛びこんできたそのときのことだ。安徳はすでに祖母時子とともに身を投げている。このとき時子は皇位のシンボルの一つである剣を腰に差して、海に飛びこんでいる。

——死んでも帝を手放すものか。

という心意気である。

残った神器の一つ、鏡は「内侍所」と呼ばれ、唐櫃に収められている。

「これも海へ」

女房の一人、大納言典侍と呼ばれた重衡（清盛の末子、すでに一の谷で生捕りになっている）の妻が捧げ持って海へ入ろうとしたとたん、
ひゅう！

一箭の矢がその頬をかすめた。

「あれっ」

局は棒立ちになる。袴の裾を舟端に射つけられ、動けなくなってしまったのだ。

「あの女、逃がすな」

「その櫃、もぎとれ！」

内侍所とも知らぬ武者が力まかせに奪いとり、

「何だ、何だ、これは」

錠をねじきり、蓋をとろうとしたとき！

「手をふれるなっ」

ぴしりといったのは、すでに捕虜となってくられていた時忠だった。

「かしこくも内侍所にわたらせられる。開けたら眼がつぶれるぞ！」

「げっ」

思わず手を退いたところへ、しかるべき武士が飛んできて、恭しく唐櫃を安置した。

この鋭い一言！　この機転と迫力。寸鉄も帯びぬ時忠は、荒くれ武者の肝をとりひしいだのである。

東国武士は、以来時忠に敬意を表しはじめたらしい。かくて時忠はかすり傷ひとつ負わず、妻とともに都に戻るのである。

平家ナンバー2にありながら、身命を全うしたこのしぶとさ。いや、これだけで感心するのは早い。都に戻るまでの間に、どうやら彼は源氏の大将、義経を丸めこんでしまったのだ。

「都に帰ったら、こういうふうに朝廷と交渉しなさい」

長年の経験で身につけた宮廷駆引き術を、ぽつぽつ伝授してやったらしい。義経はもちろんこういうことには不馴れである。

「ありがとうございます。内侍所をお守りできましたのも、権大納言どののおかげです。もし都に帰りました後、権大納言どのに万一極刑がいい渡されるような場合、義経、身をもってお守り申しあげます」

すっかり時忠ファンになってしまった。ともかく時忠は平家のナンバー2、いや事実上のナンバー1だから、殺されてもふしぎはないのに、内侍所と引きかえに、みごとに彼は危機を切りぬけてしまったのだ。

いや、それだけではない。都に戻って間もなく、彼は自分の娘の一人を義経と結婚させてしまった。

——うへ、へ、俺は大納言の姫君の婿どのか。

やにさがった義経もだらしがないが、むしろここでは仕掛人の時忠の力量に拍手を送るべきであろう。宮廷で修羅場をくぐりぬけた彼にとっては、野性児義経を丸めこむことなど、朝飯前だったのかもしれない。おかげで義経はいよいよ頼朝の機嫌を損じてしまうのだが、このことは義経の項ですでにふれた。

平家滅んで時忠滅びず

さて、この合戦の戦後処理に眼を向けよう。

宗盛とその子や郎党らについて、後白河は法律の専門家、明法博士に諮問した。その答は「死刑」であった。が、頼朝からの要請もあって、宗盛は、いったん鎌倉に送られ、都に戻る途中で斬罪に処せられた。

ところが、実力者時忠は鎌倉へ送られることもなかったし、死刑にもならなかった。このとき朝廷に対し、彼は、ちゃっかりとこんな申し立てをしている。

「自分が平家一門に伴われて西海に奔ったことは、たしかに落度ではありますが、内侍所を安全に帰還させたのは自分の手柄であります。だから流刑などは免じられたい。京都に止まり、出家隠栖したい」

朝廷は死刑だけはとりやめ、彼を能登に流すことを決定した。

しかし、この期に及んでも、彼はなおしぶとさをしめす。流刑に処せられた人々——この中には異父弟能円も含まれている——がそれぞれ配所へ向ったのに、ぬらりくらりとして、なかなか出発の気配をしめさなかった。

業を煮やした鎌倉からは催促の使が来た。

「時忠の配流はどうなったのか」

このころまでに頼朝と義経の関係はさらに悪化している。義経を丸めこんだだけでは頼朝を動かすことができないと見てとったのか、やっと時忠は腰をあげた。

能登の配所で彼は二人の息子をもうけたという。現在文化財として注目をあびている能登の時国家はその子孫の家だといわれている。時忠がこの地で過したのは三年余り、一一八九（文治五）年、六十二歳でその生涯を終えたという。

このとき、宿敵であるはずの頼朝は、

「智臣だった。平家の時代の名補佐役で、朝廷にとっても惜しむべき人物だ」

といっている。さすが頼朝、彼が平家のナンバー2だったことを、みごとに見ぬいている。

が、地下の時忠はそんな賛辞には、ただにやりとするだけだったろう。彼が内心手をうって喜んでいることは、別のところにある。それは、

「この一門にあらざらむ人は……」

の名文句が彼の手になるものであることを、いつか人々が忘れ去っていることだ。もしこの印象が強すぎたら、思いあがった高慢の人として、彼は後世まで天下の糾弾をうけたに違いない。

それを免れたのは、彼がナンバー2に徹したおかげであろう。彼は身体を張って平家時代を戦いぬきながら、その栄光の多くを、清盛の手に握らせた代り、悪名をも、そっくり清盛に譲り渡してしまったのだ！

明智光秀——途中入社の栄光と挫折

前半生は失職・浪人

光秀は優秀なナンバー2であった。まず、はじめに彼をめぐるさまざまな誤解を解いておきたい。そうしないと、彼の優秀なナンバー2としての人間像が浮かび上がってこないからである。

彼の誤解の第一は、陰険な逆臣としてのイメージである。主君信長の不意を襲った恩知らず、従って、秀吉に討ちとられたのは、

「いい気味、天罰てきめん」

という受けとり方である。

第二は武将としての評価の低さ、そして第三は戦国人間としての全人間的な評価の問題点、ということになろうか。そしてこれらを再検討するとき、一人光秀に限らず、信長、秀吉に対する既成概念の洗い直し、ということにもならざるを得ない。

では光秀はなぜこんなに誤解され続けてきたのか。一つは彼の前歴が謎に包まれているからではないか。学者は、

「彼の前半生は不明」

という。きびしい学問的態度ではそういうよりほかはないのだが、しかし後半生の活躍から見ると「どこの馬の骨……」ということは考えられない。

「明智」という姓を手がかりに考えてみると、美濃（岐阜県）に今も明智という地名があるところからみて、多分彼の先祖はそのあたりの豪族だったと思われる。この土地に因んだ苗字を持つということは、武士にとっては、ちょっとした格なのである。

それ以前この地での強豪は土岐氏で代々守護をつとめていたが、しだいに力を失い、とうとう斎藤道三に亡ぼされてしまった。このときすでに光秀は二十歳を越えていたと思われるので（信長より数歳年上だったようだ）当然どちらかの側についていたはずなのだが、その点がいまひとつはっきりしない。

一説では、それを機に諸国を流浪して見聞を広めたともいわれるが、これはどうも講談調で信用できない。ただ、故郷を逃れて後、越前の朝倉氏に身を寄せていたのは事実らしい。けれども彼は織田信長の妻、濃姫（斎藤道三の娘）の縁続きだといわれているので、道三時代にはまだ美濃にいて、かなりの地歩をしめていたのではないか。斎藤道三は晩年、息子の義龍と戦って敗北したから、そのどさくさに美濃をとびだしたとも考えられる。

結論的には、彼の青年時代は決して順調ではなかった、ということである。就職した会社が倒産、職を失ったというところか。そのまま順調にゆけば幹部コース間違いなしというところだったのに、失職、浪人時代がかなり長く続いた。が、とことん落ちぶれなかったのは、かなりの名家の出で、それなりの教養もあり、世の中を見る眼が備っていたのだろう。なまじ一国の小城主にならずに、新しい世界に眼を開かれたのが、彼の無形の財産になった。前歴不明とはいいながら、これだけは間違いない。また要領もいいし、のみこみも早かった。勤めていた会社が技術革新のあおりをうけて倒れると、それに恋々とせずに、ハイテクに挑戦し、その技術もいつかマスターしてしまう、というタイプなのである。

初舞台の名フィクサー

その彼は二度、宿命の出会いを経験している。第一回は朝倉に身を寄せていたとき、そこに足利将軍義晴の子、義昭が転がりこんできたのである。

当時の将軍は兄の義輝で彼は奈良で僧籍に入っていたのだが、義輝が松永久秀に殺されると、

「将軍になるチャンス」

とばかり寺を逃げだし、還俗(げんぞく)するが、兄の後は別系の義栄(よしひで)が継いで思うようにはいかず、当時指折りの豪族、朝倉に身を寄せたのだ。

この奈良脱出・還俗には、演出家がついていた。細川藤孝である。殺された義輝に仕えていたが、なかなかの教養人であるとともに、したたかな策謀家でもあり、義晴の後に義昭を据えようと大バクチを試みたのだ。

が、朝倉は慎重居士で、なかなか藤孝の誘いに乗らない。光秀が彼らと知りあいになるのは、この時期なのである。光秀はどうやら教養人藤孝に心をひかれたらしい。藤孝の方も、光秀の才幹に、

――こういう人物を、義昭さまのお味方にすれば。

と思ったようだ。やがて藤孝は光秀の前に心を開いて、いろいろ打ちあけはじめる。

「どうも朝倉は弱腰だ。本気で義昭さまを将軍に戴きたいという者はいないだろうか」

そのとき、光秀の頭にひらめいたのが、

「織田信長」

という名前であった。

「朝倉に比べれば名族ではありませんが、将来性がありますな」

そのとき、信長は斎藤龍興（たつおき）を滅ぼし美濃一国を手に入れたところであった（斎藤の家は道三を殺した義龍から龍興へと移っている）。光秀の頭にたちまち信長の名前が浮かんだあたり、やはり光秀が信長の妻の縁に連ることを裏づけているように思われる。

それから光秀の織田信長への秘密工作がはじまった。義昭―藤孝―光秀―信長という

ラインがこうして成立したと考えれば、彼と藤孝はまさに名フィクサーといわねばならない。このことは、光秀がすでに天下の情勢を左右するだけの判断力を備えていたことと、藤孝ともども、トップシークレットに関与する実力を身につけたことを意味する。

彼は単に故郷を追われた素浪人ではないのである。もっともこの点を裏づける史料は乏しいのだが、義昭・藤孝と信長との結びつきは、かなり唐突（とうとつ）だし、たとえ主役でないにしても、美濃に土地勘のある光秀が、全く関与していなかったとは考えにくい。そしてそのことが彼に第二の宿命の出会い——信長とのそれを経験させるのである。

義昭が藤孝とともに信長の許にやってきたのは一五六八（永禄十一）年七月。朝倉と違って機を見るに敏な信長は、

——いいチャンスだ！

と思ったのだろう。その二月後には、早くも義昭を担いで上洛（じょうらく）している。十月になると義昭は念願叶（かな）って将軍に任じられる。人々があっというばかりのこの信長の行動のすばやさに眼を奪われがちだが、しかしこの間の光秀の織田家の中での出世ぶりも見ものである。美濃へ戻って三月の間にもう彼は信長の家臣の中の幹部クラスになってしまったのだ。

してみると、濃姫の縁続きというのもまんざら嘘ではないかもしれない。それまでは織田家の家臣でも何でもなかったにもかかわらず、彼はすっかり信長の信任を得てしま

う。光秀—細川藤孝ラインを信長が極力利用したせいかもしれないが、彼自身にも、信長の信頼をかち得るような何かがなければ、これほどの短期間に子飼いの武将並みの位置を得ることはできなかったはずだ。

信長は人を見る眼は抜群だ。その彼が、

——この男、使える！

と思ったのだ。ウマが合うといったらいいだろうか。よく二人を対照的な性格とし、はじめから反りがあわなかったように見る人もいるが、むしろ事実は逆なのだ。

——これから先、俺にはなくてならぬ男だ。

信長はこう思い、光秀は、

——この人こそ、頼りがいのある主人。

と感じたに違いない。事実水を得た魚のように、信長の下で光秀はあざやかな働きをしはじめるのである。

途中入社で在京官房長官

信長の上洛に際し、光秀はもちろんその一行に加わっている。都に着くと、彼は木下秀吉、丹羽長秀ら信長の有力部将とともに京都の政治に関与するようになる。皇室や公家の所領の確定がその中心だが、これはじつは、なまじな合戦よりよほどむずかしい問題なのだ。信長の上洛とは軍事占領ではなくてその後の行政掌握が本筋なのである。

都の公家たちは、信長のことを、内心、

「何だ、美濃の山猿じゃないか」

と思っている。彼らは煩雑な故事先例の討論や宮廷のポスト争いにあけくれていて、それが何より高尚なものだ、と思いこんでいるのだ。

「ふん、こんなことは何も知るまい」

腹の底には軽蔑がある。ただ信長に武力があるから、手むかいはできない。だからうまいこと口の先で丸めこんで、自分たちの番犬にしようとした。

その上、一見優雅そのものに見える彼らは、じつのところ、ケチでがめつい。所領のこととなると眼の色を変え、古い文書を持ちだして、

「この通り、あそこはわが家の所領だ。そこから、ちゃんと年貢が取りたてられるように計ってくれ」

といいだす。つまり信長の武力を利用して、途絶えがちの年貢を確実に手に入れようとするのだ。

ところが農民の方も、そのころは実力を貯えている。何の彼のといいたてて、年貢を免れようとしているから、両者の調停はかなりむずかしい仕事だった。しかも、ある程度公家を満足させないと、いろいろ意地悪をする。京都政治というのは、信長にとって

も、すこぶる厄介（やっかい）なものだった。

　その中で光秀は着々と実績をあげた。秀吉もかなり手腕を発揮したようだが、全体的に見れば、光秀の評判の方がよかったのではないか。それというのも、幕府に仕えていた細川藤孝とのつきあいから、行政のこつを会得したものと思われる。

　その上都をとりまく状況は不安定で、義昭が将軍になった後、信長が岐阜に戻ると、義昭を快く思わない三好一族がたちまち都に攻め寄せてきた。不意討ちともいうべきこの攻撃に、光秀は他の武将とともに勇敢に戦ってこれを撃退している。有能な、事務官僚であるとともに彼の武人としての才能もここで十分発揮されたわけである。

　この頃の光秀の立場は、織田家の官房長官といった感じである。織田家の途中入社の社員としては異例の出世だ。いや一歩譲って、子飼いの秀吉が官房長官なら彼は官房長官同格というところだろうか。しかも足利義昭の流浪時代から行動をともにしているから、一方では細川藤孝と並んで、義昭の側近でもあった。つまり二足のわらじを履いているのだ。このあたりが秀吉と違うところであり、将軍側近ということで、公家たちも彼に対しては特別の信頼感を寄せていたのかもしれない。

　ともあれ、この時期、政治家としての彼の優秀な素質が十分生かされ、あたかも水を得た魚のように、生き生きと活躍しはじめたことはたしかである。人間の中には、はじめのうちは会社でも存在がくすみがちなのに、あるポストを与えられると、とたんに光りだす、という人がいる。

――ほう、彼はこんな積極的な人間だったのか。

――勘どころの押え方がじつにみごとだ。

周囲は彼の別人のような印象に驚かされる。計数にも明るいし、営業手腕もある、人と人との間のとりまとめもそつがない。この時期の光秀はまさにそんなふうだった。

こうした京都の政治は後にはしだいに村井貞勝が扱うようになったが、そのころも、やはり光秀は、寺院の所領問題などにタッチはしており、依然、京都政治についてはなくてはならない人物だった。

信長も彼の力量と人間に信頼を寄せていた。それを何よりもよく物語るのは、岐阜から出てきたとき、彼の屋敷を宿所としたことである。後には都の中の諸寺がその宿所になるが、ともかくこの時代、光秀の宿所に泊ったというのは注目していいことではないか。

義昭との訣別

ところで、その後、光秀は微妙な問題に巻きこまれる。信長と義昭の仲が、しっくりいかなくなったのだ。信長のおかげで将軍にして貰い、

「おん父」

とまで呼んで信長への親愛の情をしめしていた義昭は、しだいに勝手な行動をはじめるようになった。

――俺は将軍だ。いちいち信長の指図はうけない。

ということなのだろうが、信長にとっては、誠に心外千万であった。信長が遂に怒りを爆発させたのは、一五七〇（永禄十三）年の正月である。彼は五か条の要求を義昭につきつけた。

義昭は信長に相談しないで諸国に御内書を出してはならない。必ず信長に相談し、その添状をつけること、

今までの下知は全部破棄。

義昭が誰かに褒美をやりたいようなとき、その領地がなければ義昭の意志に従って、信長の領地から分けてやる。

等々。義昭は「お手紙将軍」といってもいいくらい、諸国に御内書（書状）を出している。誰と誰とは仲よくせよといった調子のもので、天下の調停役を気取っている。

――俺の一声でことは収まった。

と、実力もないのに、いっぱし権力者ぶろうとしたのである。これが信長のかんにさ

わったのだ。中には「天下の仕置は自分に任されているのだから、将軍の上意は必要としない」といった高飛車な条文もある。

ところでそこで注目すべきは、その信長の文章は、光秀と、当時同じく京都の政治に関与していた朝山日乗（あさやまにちじょう）宛になっているのだ。

ちょっと奇妙な感じがするが、当時は直接義昭にはこうした形の文書の申し入れはしないのが例で、間接的に側近宛に書き、「その旨（むね）義昭に伝えるように」という形にする。そして一方の義昭は「わかった」という意味で印を押すのである。

しかし、ここで光秀の名前が出てくるのは、当時、光秀が、信長の臣下であると同時に義昭の側近であることの証拠にほかならない。

信長、義昭の対立はその後も続く。いったん信長の申し入れを了承したかのように装いながら、義昭は、武田信玄と連絡をとって、ひそかに信長打倒の計画を練ったりした。そしてまたもや信長が十七条の申し入れをしたりするのだが、義昭は勝算あり、と踏んだのか、後に一五七三（天正元）年兵を挙げる。結局彼は信長に敗れて河内（かわち）に逃げだすが、ではそのとき、光秀はどうしたか。

とうに義昭とは手を切って、信長に属し、義昭攻めに加わっているのだ！

何たる要領のよさ！　状況判断のみごとさ！

彼はさきの信長の五か条の申し入れが行われたころから、

――これはいけぬ。

と思ったらしい。そこで逸早く義昭から離れる工作をはじめた。

「奉公は御免こうむって出家したい」

などともいったようだ。そしていつのまにか義昭を攻撃する側に廻ってしまった。あれよ、あれよというばかりの変り身の速さではないか。

当時の信長の力はまだ安定していない。四方に敵があり、天下を統一することなどできそうもなかった。それを見すまして、遠隔地の有力者が信長打倒を計画するという有様だった。その中で、光秀は、

――俺は断然信長さまだ！

と態度を表明したのだ。これはなかなか決断力のいることである。今から見れば、信長と義昭では格段の差があり、信長につくのは当然という気がするが、当時の評価は必ずしもそうではなかった。痩せても枯れても義昭は将軍である。総理大臣格なのだ。一方の信長は新興政党の党首――将来性はありそうだが内閣閣僚の肩書ひとつ持たない。そのときどちらに賭けるかは慎重な判断を要するところである。

このとき、光秀は判断を誤らなかった。といって、冷酷無残に義昭を蹴とばしたのではなかった。かなり信長との間の調停に苦心したらしく、その限界を感じての訣別であった。しかも、その後、最後まで義昭方について敗れた有力武将の身柄を預ってやって

いる。最後にはこの男は信長からの許しを得られず自刃をしているが、昔のよしみを忘れない彼の心遣いは、あまり知られていない。時代の流れの判断が的確だった反面、人情にも厚かったのだ。

風見鶏にあらず

時代の判断が的確な人間には、変り身が早い代り、それまでのよしみを顧みない利害打算型が多い。「風見鶏」といわれるのはそのためである。光秀は決して冷酷、軽薄な「風見鶏」ではなかった。それなりの人間的苦悩を経験し、昔の仲間のことも忘れず、しかし、情に溺れて大勢の判断を誤るほど愚かではない、という極めて調和のとれた人間性の持主だった。

これはナンバー2というよりナンバー1になれる資質といってもいい。もし彼の天下が長続きすれば、彼のバランス感覚はかなりの評価をうけたのではないだろうか。

ここで重要なのは、信長にもこうした資質はかなり備わっていたということである。信長といえば、決断の人、と思われている。悪くいえば短気、癇癪持ち、暴君ということになっているが、彼はむしろ気配り型であり、かなり忍耐強い、度量の広い人間なのだ。

軍事行動でも無理は決してしない。合理的感覚の持主である。唯一の例外は桶狭間の合戦で、このときは圧倒的に優勢な今川方の来襲に逃れるすべもなく、窮鼠猫を嚙むの行動に出たのだ。一か八かというような戦いをやったのは生涯このときだけで、以後は自分の方が絶対優勢という判断がなければ戦いを挑まない。こうした彼の慎重性を後世の人々は見逃している。

足利義昭との対決もそうだ。がまんにがまんを重ねていても、義昭はそのことに気づかずに勝手なまねをする。こらえていただけに怒りも大きく、遂に五か条をつきつけた、ということなのだ。しかもその後も信長は慎重に義昭の行動を見守っていた。が、義昭はいっこうに信長のいうことを聞きいれる様子がない。それでさらに十七条の申し入れを行ったのである。短気な人間ならこんなことをせず、さっさと実力行使によって義昭を追払っていたであろう。遂に義昭を攻めるにいたったのも、むしろ義昭側の挑発を受けて立ったのである。

多分、信長は、

——俺もずいぶん辛棒したなあ。

と心に呟きながら、義昭を追払ったのではないだろうか。

付け加えておくと、彼はなかなか気配りの大家である。たとえば、後に秀吉の妻のおねねに送った有名な手紙などを見ても、秀吉の浮気について、おねねがぐちをこぼしたことについて、

「お前のいうことはもっともだ」

といい、

「しかし、秀吉のような奴にお前以上の女が現われるわけはないから、やきもちはやくな」

「お前もずいぶん美しくなった。これからは城主夫人として貫禄をつけ、あまり夫の浮気などについてとやかくいうな」

「しかし、お前の後には俺がついている。心配するな。こう信長がいったことを秀吉にも伝えるように」

と細かい配慮をしめしている。

この信長のデリケートな心遣いを理解しないと、光秀との間を考えるについて、大きな誤解が生じる。信長はむしろ義昭をめぐる問題の処しかたに、彼の忍耐と心遣いとを見たに違いない。

――俺によく似た奴。

一種の共感を覚えたのではないか。以来光秀が信長の麾下にあって抜群の出世を遂げるのは、この共感があったからこそ、と思われる。

光秀についての誤解の一つは、武将としての評価の低さである。柴田勝家とか木下秀吉に比べて、軍事的才能はいまひとつ——というように考えられているが、事実はそうではない。

義昭の手を離れて以来、彼の武将としての行動は華々しかった。そしてその功が認められて、彼は信長から琵琶湖畔の坂本城を与えられるのである。

独立した城を与えられたのは、信長の部将の中で彼がトップだった。今でいうなら営業成績を認められ取締役に任じられて新設の支店長に命じられたようなものだ。彼の戦略、戦術は、子飼いの柴田勝家、木下秀吉らに比べてよりいっそう鋭く、そこが信長の眼にとまったのだろう。

これ以後、信長は秀吉に長浜城、柴田勝家に北の庄城(福井)を与える。占領地に新支店を作り、有力武将を支店長に据え、独自の独立採算制をとらせるわけだが、その第一号が明智光秀であることを、人々はとかく忘れがちだ。つまりそれが秀吉でも勝家でもなかったのは、光秀こそ、信長に続くナンバー2であることを天下に公表したようなものなのである。

もちろん武力もだが、ここで信長は彼の対京都工作に期待を寄せている。坂本は信長が都との接触する場合の最先端の拠点である。都の事情に詳しい光秀にここを与えたのは、当然のことかもしれない。

このころは信長の大攻勢の時代であって、さきにふれた義昭との対決はじめ、越前の朝倉、近江の浅井の攻略と戦線を拡張させている。それぞれの戦いに光秀も出陣しているが、さらに大和の松永久秀が降ると、その居城である多聞山城の受け取りに出向き、その直後、美濃で合戦がはじまると、またそこへ応援に駆けつけている。まさに、東へ北へ南へ――といった具合に休むひまもない大活躍だった。

その間に、彼は信長の推挙によって、朝廷から惟任日向守（これとうひゅうがのかみ）と名乗ることを許された。もちろん日向の国の長官になったわけではないが、これは一種の格付けである。

さらに彼が武将としての真価を発揮したのは丹波（たんば）攻略だった。このころになると信長は勝家や秀吉等有力部将に手分けさせて攻撃を進めさせていたが、光秀は丹波を受け持ち、大変な困難を重ねながら、遂にこれを平定した。信長はこれをよろこび、

「光秀の武功は天下に面目をほどこすものだ」

といい、彼を武功第一に推している。とりわけ光秀は城攻めが得意であったらしい。

信長のこの言葉は、光秀が行政官としての力量とともに、武将としてすぐれた実力の持主であることを裏付けている。この時期彼は平定した丹波一国の管理だけでなく、大和の経営も信長に任されている。いわば近畿方面軍の最高司令官といった趣で、押しも押されもしない信長兵団のナンバー1にのしあがっていた。

ひろがる人脈

占領行政だけではない。人脈もひろがりつつある。まず、長年の盟友、細川藤孝の家と婚姻関係を結んだ。藤孝の長男忠興（ただおき）と、娘のお玉——。キリスト教に入信し、ガラシァと呼ばれるようになった女性だ。摂津の暴れん坊、荒木村重の息子と光秀の娘との間にも婚姻関係が結ばれた。さらに大和の筒井順慶の養子定次とも……。これは推定なのだが、順慶は松永久秀と戦いながら大和に地盤を固めつつあった人物である。その養子である定次の妻は、信長の娘だと書いているものが多いが、これは光秀の娘を「信長の娘」という格付けで嫁がせたのではないかと私は思っている。この結果、順慶とは大変仲がよくなった。家臣に組みこまれたわけではないが、たとえば信長から光秀に出陣の命令が下ると、順慶にも連絡がゆき明智兵団の中の一部将として出陣する——というわけで、細川家とも同じような関係が結ばれた。

付け加えておくと、荒木村重は後に織田信長に叛旗をひるがえす。このとき信長は光秀に命じて村重の説得にあたらせた。結局村重は光秀の呼びかけに応じないで、最後に光秀の娘を城外に出し、徹底抗戦の姿勢をしめした（もっとも本人は討死はせず、居城を逃れて毛利氏に頼り、剃髪（ていはつ）して生き長らえるのであるが）。

ちなみに、このときの荒木攻めはかなり残酷なものだったことが、信長を暴君と見る一つの理由になっているが、じつは、このときも信長は、がまん強く、村重に翻意を促している。その過程を見れば、短気どころか、主人としてはかなり忍耐強く、相手の出方を待っている。それより以前、長く仕えていた佐久間信盛を譴責し、改易したことについても、信長はその理由をあげた叱責の手紙を送っていて、苛酷だという印象を与えるが、むしろ臣下に改易の理由を長々と説明するのは珍しいことなのだ。本来なら理由も告げず、バッサリとやるところを、御親切にも、その理由をあげて納得させようとしている。このことはやがて起る光秀の謀叛の理由を考えるとき、見過すことのできない問題である。

俗説・謀叛の理由

さて、いよいよ、光秀が叛旗をひるがえす時期が近づいてきた。一五八二（天正十）年六月光秀は中国筋への出陣を命じられて、領地の丹波の亀山城を出発した。秀吉は中国筋の攻撃を命じられ、そのころ備中の毛利の属城高松城を囲んでいたのであるが、毛利側では当主の輝元、一族の吉川元春、小早川隆景らが大軍を率いて救援にやってきた。急を報じる使者が、安土の居城に到着したのは五月十七日、信長は早速出陣を決意する。光秀もこのころ安土にいたのだが、信長の命をうけて亀山の居城に戻り出陣の用意をととのえ、六月一日亀山を後にした。このときすでに彼は謀叛を決意しており、備中へゆく道を辿らず、老の坂から都をめざし、当時信長が宿営としていた本能寺になだれこんで、一瞬のうちに事を決してしまったのである。

では何で彼は謀叛を企んだのか。『明智光秀』の著者である歴史学者高柳光寿氏は、

「その理由の発見に苦しむ」

と率直に書いておられるが、まさにその通りなのである。光秀は信長の子飼いの臣ではない。中年を過ぎてから、歴史の谷間を縫うようにして、足利義昭と信長を結びつけるフィクサーの役割を演じ、それが機になり信長に仕えるようになった。

それ以後たった十数年、行政能力、戦闘能力を買われて、とんとん拍子に出世し、近江坂本の城主に取り立てられ、その周辺の領土と丹波一国の領地を与えられ、まさに家臣中随一という評価を得ている。

どう考えても謀叛の理由が摑めない。そのために、光秀の謀叛の原因は、昔から、いろいろと推測が行われている。が、その多くは俗説にすぎない。これらの俗説の根底にあるのは、信長短気、光秀陰険といった見方である。

たとえば――。

その直前の五月十五日、徳川家康と穴山信君（あなやまのぶきみ）（梅雪・武田の一族）は安土にやってきた。それぞれ、信長から加封、本領安堵をされたことに謝意を表するためであったが、このとき光秀は接待係を命じられた。ところが光秀があまりに大げさな饗応をしたので、信

長は激怒し、直ちに饗応役を罷免し、戦線に追いやった。光秀は面目丸潰れとなって深く恨みに思った、というのである。

そうかと思うと逆の説もある。光秀に家康接待を命じた信長が、思いたって光秀の家に料理の下見に行くと、生臭い魚の悪臭が鼻をついた。折から夏であったので、用意した魚が早くも傷みはじめていたのである。

「こんなものを家康の馳走の膳に出すつもりか！」

怒った信長は光秀を接待役からおろし、堀秀政という男に変えた。面目を潰された光秀は用意した料理の材料をみな堀に投げすててしまった、というのである。

が、信長や光秀は一国の代表的な武将である。こんな子供じみた腹の立て方をするだろうか。現代の社会に置きかえて考えてみるがいい。社長と副社長がこんなことでけんかをするだろうか。もしそんなことをしたら両者ともものの笑いの種になる。ふつうの常識の持主ならこんなことでけんかなどするはずがない。

ただし、たしかな資料でも、このとき家康や信君が安土に出て来たことは事実で、折ふし、光秀は戦線から休暇を得て戻り、安土城下に来ていた。信長も家康のことはかなり評価しているから、光秀を接待役として出席させたことは十分あり得る。

が、料理を提供するといった役ではなく主席の歓迎員としてその場に列席したのではあるまいか。ところが、十七日、秀吉からの使者が来て事態は急変した。信長は早速出陣の用意をはじめる。光秀も休暇を打ち切って、早速自領に戻り、出陣の準備をしなければならなくなる。一方の家康は、信君とともに安土での挨拶をすませると京都へ上った。これは予定の行動である。信長から、京、大坂、奈良、堺を見物して行けといわれたので、信長方の家臣に案内されて出発したのである。

もっと面白いのでは、この饗応役で失態があったので、信長が、

「このきんかん頭め」

と光秀の頭を叩いた、というのがある。そうかと思うと、別の説では、全く違う席上で、

「きんかん頭め」

といって信長が光秀の頭を叩いた。これは座興のつもりであったが、しかし、いくら光秀が許してくれといっても許してくれない。

――座興にしては度がすぎる。

というので、光秀は腹を立て、以後信長を恨むようになった――というのである。

これにいたっては、あまりに阿呆らしくて否定する気にもなれないくらいだが、これらのつまらないエピソードを貫いているのは、信長の短気、無礼が光秀を怒らせた、という見方である。

が、信長は短気、傲慢（ごうまん）な人間ではない。それどころか人の心理を見ぬき、それに対す

る配慮も怠らない人物だ。満座の中で、光秀に恥をかかせるようなことをするはずがない。困ったことに、信長については、

「啼かずんば　殺してしまえ　ほととぎす」

といったという伝説がある。それに対して、

「啼かせてみよう　ほととぎす　秀吉」

「啼くまで待とう　ほととぎす　家康」

だというのだが、こんないい加減な分け方に従うことはできない。げんに家康の十何代めかの子孫である尾張徳川家の方が、家康はむしろせっかちだった、といっているくらいだ。秀吉や信長についてのこうした間違った伝説はもうそろそろ終りにしなくてはならない。

ただ一つだけいえることは、こうした伝説の作り手たち（もちろん複数の人々）は、結局光秀の謀叛の理由がわからないために、何とか理由をみつけようと躍起になっていたのだということだ。それで俗耳に入りやすいように、いつかこんな伝説を作りあげてしまったのである。

中には信長が光秀の妻に横恋慕したが、きびしく拒否されたので恨みはじめ、いつか光秀を失脚させようと思い立った、というのもある。それが光秀の謀叛の理由だ、というのだが、ここまでくると安芝居の筋書きなみである。何とかして自分たちにも納得で

きる理由を探ろうとしているこの涙ぐましさよ。が、笑いとばす前に考えねばならないことがある。こうした妙ちきりんな説がなぜ横行するか、ということだ。そこに、でんと横たわっているのは、江戸時代の倫理観念だ。

「上の者には絶対服従」

というルールである。

「君、君たらずとも、臣、臣たれ」

「忠義第一」

いろいろのいい方があるが、つまり逆にいえば、

「謀叛、あるいは下剋上(げこくじょう)の絶対否定」

である。これは江戸時代に徳川幕府が口を酸っぱくしていい続け、定着させた倫理観念だ。それに馴らされた民衆は、謀叛などはとんでもないこと、と思いこまされてしまう。そういう考え方からすれば、明智光秀の主殺しはとんでもないことで、それが行われたのは、光秀の方によほど腹に据えかねる思いがあったのだろう——と考えざるを得ない。そこで頭を絞って考えだされたのが、今あげたような諸理由なのだ。ここでは省略するが、ほかにもいくつか理由らしいものがささやかれている。しかし、いずれも、信長の違約、光秀の屈辱感が引き金になっている、という考え方である。

これはいずれも江戸時代になってから作られた考え方に立って、光秀の謀叛の理由を

解明しようとしたにすぎない。この考え方をふり落してしまえば、ではどういうことになるか。

戦国武将は天下をめざす

「信長は天下が欲しかった。秀吉も天下が欲しかった。光秀も天下が欲しかったのである」

これが高柳光寿氏の『明智光秀』における分析である。光秀怨恨説に比べると、あまりにさらりとしていて、はじめは何となくついてゆけない感じだったが、最近になって私はこれは名言だ、と思うようになった。戦国の時代精神を極めて簡潔にいい表わしているからだ。

当時、天下を取ることを夢に見ない武将はいなかったろう。上杉謙信も、武田信玄も、今川義元も、みんなそれをめざしていた。

「野望」

などと大げさにいうには及ばない。秀吉だって家康だって、みな戦いに勝つことだけを考えている。勝って勝って、その行きつく先は天下取りではないか。スポーツ選手がチャンピオンの座を狙うのと同じことで、チャンピオンを狙うのが「野望」でないと同様、これは一種の生きぬくルールなのだ。

江戸時代とははっきり区別される自由競争の論理がここにはある。いや、これは現代社会でも通用する感覚である。平社員が入社しても、主任になれば嬉しい。平社員でいたかったのに、と歎く人はいないだろう。課長から部長に、そして取締役に——、やがてナンバー2ともなれば、しぜん、

「次はトップに」

という気になる。何も「野望」というほどのことではない。また、一平社員が、

「あの社長をやっつけてやろう」

と思ってナンバー2の座を狙いはじめるなどということがないのと同様、光秀だって最初から、計画的に信長を倒そうと狙っていたわけではない。時の流れとともに、まさにナンバー1を狙う絶好の位置に立ったからこそ、一気に事を運んだのである。ただ現代の会社と違って戦国時代は殺気立った時代だから、今から見れば強引なこと、不道徳と思われることも平気でやる。信長が義昭を戴きながら結局は追い払ってしまったのもそれだし、この光秀の叛逆の後に立ちあがる秀吉の場合もそうだ。彼は主君の仇討ちを旗印に光秀を打倒したが、その後は決して織田一族を主君として仰いではいない。巧妙な手段で結局は信長の息子たちを追い払っているではないか。

これが戦国の掟(おきて)である。光秀ひとりを謀叛人として批難するのもあたっていないし、光秀が信長に屈辱を味わわされたための復讐とするのも的はずれなのである。

謀叛のチャンスが眼の前に現われた！

——これを利用せねば損！

これが光秀の挙兵の理由のすべてである。むざむざチャンスの前に眼をつぶるほど、彼は臆病な人間ではなかったのだ。一説では、ナンバー2だった彼は、秀吉が擡頭してきて、その座が危うくなったので、一気に信長を倒して天下を取ってしまおうとした、ともいわれているが、私にはそうは思えない。光秀は自分が優位にあることを信じて疑わなかった。だからこそ、ナンバー1を狙ったのである。

あるいは秀吉の中国攻めに加勢を命じられたので、秀吉の下風につくのは御免だ、と思ったともいわれるが、これは見当違いである。彼はすでに丹波平定をなし遂げて、多少余裕がある。また今度の出陣は信長に従っての軍事行動であって、秀吉にこき使われるためではない。


チャンスは今だ！


では光秀の眼に魅力的に映ったチャンスの実体は？　言い古されたことだが、信長の身辺が手薄だったことだ。安土の城にいたのではとうてい攻めきれないが、信長は中国に向けて出発すべく、京都の本能寺に泊まっている。攻撃できる絶好のチャンスである。

二つ目には、秀吉や勝家など有力武将が信長の身辺にいなかったことだ。秀吉はいうまでもなく中国へ、勝家は上杉景勝の属城魚津城を攻撃している最中である。信長の息子信孝は、丹羽長秀とともに、四国の長曽我部攻めに出発するところだった。すべて手が放せない状態にあるから、反転して自分に向ってくるのはさきのことだ。それまでに地歩を固めてしまえば、彼らも服従するよりほかないだろう。

以上を直接的な戦術的チャンスとすれば、もう一つの戦略的なチャンスも「今だ」と光秀にウィンクを送っていた。

天下を統一したと思われている信長だが、当時彼が押えていたのは、美濃、尾張と近畿一帯にすぎない。それより外には、ひしひしと反信長勢力が結集し、信長の打倒を計画している。各地の大名と同じく、侮りがたいのは本願寺の門徒たちである。いったんは信長に降ったものの、この宗教軍団は心の底からは信長を許してはいないだろう。旧派仏教の僧侶たちも、信長にあいそをつかしている。これより大分前に、信長は延暦寺を攻め、その堂宇を焼き払い、僧徒を大量に虐殺している。後世からみれば、古代的な宗教的権威をかさに特権にあぐらをかいていた叡山に一撃を加えたことは、彼の生涯の中でも画期的な功績といえるが、当時の人々には根強い反感を生みだした。

——信長の人気は落ちている。

こう光秀が思ったのも無理はない。そこで彼は、にわかに京都になだれこみ、本能寺に宿泊中の信長を襲い、自刃に追いこんだ。彼の戦術は、みごとに的中したのである。

優秀なるが故の誤算

戦術的には素晴らしい成功といえるだろう。が、周知の通り、十日後には彼はもうこの世にはいない。秀吉のすばやい攻撃に追いつめられ、敗走の途中、農民に狙われて一命を落した。

この誤算はいったいどうしたことか。戦術的には、とうてい反転してはこないだろうと思っていた秀吉が、信長の死を秘して毛利と和を結び、フルスピードで取って返してきたことにある。

が、それだけではない。彼はいくつかのミスを犯している。それもうっかりした戦術的見落しというより、営々として積みあげてきた実績が、突如逆効果をもたらすのだ。つまり、彼の人生が彼に対して謀叛を起すのである。

たとえば、信長を敗死させた後、彼は安土城に行き、これを接収している。六月四日のことである。その途中、坂本城に寄って、近江や美濃の武士をほとんどすべて味方につけているのは手堅く足場を固めたという意味でまず適切な処置といっていい。

安土に入ると彼は信長が集めた金銀や秘蔵の名器を取りだし、部下や、新しく帰順した武士たちに分け与えた。気前のよいところを見せようとしたのだろうが、こんなことをやっていてよいのか、とちょっと疑問をいだく。

が、じつは次のことにも関係があるのだ。というのは七日には吉田兼見という公家が、天皇の勅使として安土にやってきたのだ。このとき光秀は、皇室に銀五百枚を献じたほか、五山と呼ばれた京都の五つの大寺にも、それぞれ百枚を寄進している。そして事のついでに兼見にも五十枚を――。

彼としてはすばやく朝廷工作をしたつもりであろう。京都の政治に関係していた経験から、彼は天皇や公家集団を抱きこむことが正当性を主張する最も手っとりばやい方法だということを知りぬいていた。

彼らは物欲旺盛だ。銀をもらえば悪い気はしない。信長の後継者として自分を認めてくれるのは間違いない。また延暦寺の焼討ち以来、寺社が信長に不信感をつのらせているのを知っているからこそ、五山にもすばやく銀を寄進したのである。

しかも公家や寺社との関係は以前から緊密である。信長が上洛したとき以来、彼は都の政治に関与し、面倒な所領関係の調停を数多く手がけているからだ。そういう実績があるからこそ、兼見は勅使としてわざわざ安土にやってきたのだ。

が、四日から八日まで安土にいて、貴重な時間を浪費させたのは戦略的には大失敗といわねばならない。四方は敵ばかりなのだから、出撃の態勢をととのえるとか、安土の守りを固めるとか、とにかく軍事優先で事を進めるべきなのに、光秀は全く別の方向を向いてしまっている。

これは過去の経験が彼を迷わせたのだ。朝廷を味方にすることの政治的効果をなまじ知っていたための失敗である。

さらに彼は広い人脈を持っていた。中でも細川や筒井には娘を送りこみ、親密なつきあいを続けていた。だから信長を討って天下人になれば、当然、両家は彼に従うものと思いこんでいた。

ところが細川も筒井も、彼に同調しなかった。それどころか細川父子は信長への弔意を表して元結（もっとい）を切ってしまった。これは大誤算である。光秀がこのとき細川家にやった手紙が残っているが、それには、

　二人が元結を切り払ったと聞いて立腹したが、それもやむを得ないと了承した。御当家には、望みの国を与える。いずれ忠興たちに地位を譲って隠居したい。

というようなことが書いてある。いくらでも領地をやるから自分についてくるように、といっているが、しかし結局細川は動かなかったのである。

筒井にあてた手紙は残っていないが、いよいよ山崎の合戦が始まるというとき、筒井には明智からの使者が出かけて出陣を促している。筒井もこのとき動かなかった。筒井順慶が洞（ほら）ケ峠まで出向いてきて、秀吉と光秀の戦いぶりを見物し、勝った方につこうと

したというのは大間違いで、大和郡山城主だった順慶は、明智の使者を帰し、籠城と覚悟をきめ、どんどん郡山城に物資を運びこませていたのである。

つまり光秀の人脈はこのとき全く作用しなかったのだ。半生をかけて積みあげてきた人間関係が、この期に何の効果ももたらさなかったとは……。ここでも光秀は彼自身の人生に裏切られている。

さらにもう一つ。彼は信長の家臣団の中で孤立していた。それぞれが競って手柄をあげ、出世をめざしていたのだから四面みなライバルであるのは当然だが、しかし、もう少し、手をつなぐ仲間はいなかったものか。たとえば秀吉の場合、妻のおねねは、前田利家の妻とは仲がいい。岐阜時代には隣どうしに住み、垣根ごしに気さくなつきあいを続けていたという。光秀は経歴が経歴だけに、信長の家臣団とはそういうつきあいはなかったようだ。

これまでの彼は、子飼いでないことを一つの特色として伸びてきた。他所で豊富な人生経験を積んできたからこそ、世故にも通じ、信長にとってはこの上ない重宝な存在になっていたのだが、その途中入社が今は裏目に出ているのである。

これは優秀なナンバー2にありがちな失敗といえるのではないだろうか。ナンバー2は、いつもナンバー1の動向を気にかけている。ナンバー1に褒められることを期待するから、しぜんナンバー3以下への配慮が足りなくなるのである。優秀なナンバー2が時として社内で孤立するのはそのためだ。

また優秀なナンバー2の下には打算的な子分が集まりやすい。

「次期社長はこの人」

という思惑から集まるので、しんそこ彼を慕っているわけではない。こういう人間が多く出入りすると、何となく人脈をはりめぐらしたような気になる。が、こういう連中は決して体を張ってまで彼と運命をともにしようとはしないのである。細川も筒井もそのタイプと思えば彼らの行動にも納得がゆく。慎重居士の細川家などは、明智の娘を離縁した形にして、領地の丹後半島の山の中に幽閉してしまっている。

さらに、ナンバー2はナンバー1を補佐する必要上、社外とのつきあいも多くなる。財界・政界、その他もろもろのつきあいを、社長に代ってしなければならない。こうなると顔も売れてくる。ついつい、

——いざというときは俺をバックアップしてくれそうだぞ。

と思いこみがちだが、そうとはいかないことも多いのだ。光秀は朝廷や寺に顔がきいたおかげで、このあたりを錯覚したらしい。

こう考えてくると、光秀の失敗はその成功よりも多くの示唆を与えているように思われる。彼はあまりにも優秀なナンバー2でありすぎたのである。

藤原不比等——大忠臣の完全犯罪

ナンバー2のおそろしき楽しみ

ナンバー2の楽しみは、いつかはナンバー1を蹴落すことができるということにある。たしかにこれはナンバー2にだけ許された楽しみであって、ナンバー1にはそれがない。頂上にいつづけるか、さもなくば蹴落されるか、徹底的に防禦あるのみ……

しかし、ナンバー1を蹴落す楽しみは、ナンバー2にとっては、あまりに常道すぎて、むしろおもしろ味が少ない。ナンバー2の権化ともいうべき人物は、そんな平凡な楽しみには見向きもしない。

彼らの最高の楽しみは、ナンバー1を終始ぶるっと震えあがらせながらも、あくまでもナンバー2の位置をとり続けることである。背中につきつけたピストルを、それとは気づかせず、いんぎんにナンバー1の後に従う。周囲にはこれ以上有能な右腕はないと見せかけ、野心の片鱗さえも覗かせない。彼の凄味を感じとっているのはナンバー1ひとり。しかし体面上、悲鳴をあげるわけにもゆかず、表向きは全面的に信頼しているふりをするよりほかはない。

——これこそ、ナンバー2のみに許された最高の楽しみ……

ほくそ笑みながら、いよいよ彼は謙虚なゼスチュアをくりかえす。

こうしたナンバー2は史上にもなかなか例がないが、その典型としてぜひ紹介したいのが藤原不比等（ふひと）である。千年以上も前の人間をひっぱり出されても興味がないと思う向きもあるだろうが、彼の生き方は、むしろすぐれて現代的なのだ。

しかも、彼は完全犯罪ともいうべき完璧さで、彼が恐るべきナンバー2であることを秘匿し続けてきた。殺人罪でも時効は二十年、彼が千年以上野望を暴かれなかったということも驚くべきことではないか。しかも、彼の運命は数奇である。青少年時代の悲劇的境涯を知る者は、後日の彼がナンバー2にのしあがることなど想像もできなかったろう。

悲劇からの出発

彼は有名な藤原氏の先祖、鎌足（かまたり）の息子だ。鎌足といえば、中大兄皇子（なかのおおえのおうじ）——後の天智天皇を助けて活躍した大化改新の立役者である。蘇我勢力を打倒し、律令制による新体制を作りあげ、日本の新時代を開いた。中大兄が近江（おうみ）に都を遷（うつ）し、即位して天智天皇となったとき、彼は内臣（ないじん）（うちつおみともいう）に任じられ、人臣として最高のポストについた。

それからまもなく鎌足はこの世を去る。考えてみれば、それは彼にとって幸せなことだったかもしれない。数年後に天智も死に、有名な壬申の乱が起って、彼らが築きあげた近江の都は瓦解してしまうからだ。

この壬申の乱にはさまざまの要素が含まれている。天智とその弟、大海人皇子（後の天武天皇）の皇位継承をめぐる相剋。一度は後継者たることを辞退した大海人は、天智の死により報復を行うわけだが、そこには東アジアの政情の複雑な影響も考えねばならない。

しかし、そうした事情はさておき、藤原鎌足とその一族に視点をあわせて眺めれば、乱は天智の側近として急速に成長した新興貴族への、旧勢力の徹底的な逆襲と見ることができる。鎌足の死後、一族のトップの座に坐ったのは従兄弟の中臣金（鎌足はもと中臣姓、彼だけが藤原姓を賜わった）で、右大臣にまで昇進していたが、壬申の乱で大海人のライバルである大友（天智の子）の側に立って戦い、捕えられて斬殺された。他の重臣たち、左大臣蘇我赤兄以下が、捕えられても流罪にとどまったのと比べると、彼が元凶と見なされていたのは間違いない。

では鎌足の直系である不比等はそのときどうしていたのか？　ふしぎなことに、それがかいもくわからないのだ。没年から逆算すると、彼はそのころ十五歳、当時としては、すでに少年期を脱しかけていたときだ。斬殺された右大臣金の子が流罪になっているところを見れば、彼も当然処罰の対象になっていいはずなのに、その名が見当らない。

彼の伝記によれば、

「幼時、避けなければならないことがあって、山科の田辺史大隅に養われていた」

とある。この田辺氏は多分彼の乳母の家だろうといわれている。いささか曖昧な記述だが、乳母の家に逃げこんでその家の子供のような顔をして難を免れたのではないだろうか。

ともあれ、彼は不遇な中で成長したわけだ。うかつに鎌足の子だとは名乗れない。父親の名が大きいだけに、近江政治が否定された時点では、その前途は真っ暗だった。いわば彼は戦争犯罪人の身内である。大きな顔をして歩ける身分ではない。それに壬申の乱が終ると、都はもとの飛鳥に戻った。父鎌足が天智とともに作った近江令は廃され、新しく飛鳥浄御原令が作られた。すなわち憲法改正である。近江令は残っていないが、当時の状勢から考えて、多分に中国色の濃厚なものだったのではないだろうか。それに比べて、飛鳥浄御原令は——これも推定にすぎないのだが——朝鮮半島の新羅の影響が強かったのではないかと思われるが、そのことは後でふれたい。

天武天皇は中国（当時は唐）との交流よりも、むしろ新羅との親善に重点をおいたらしい。その証拠に、天智時代派遣された遣唐使は、天武、持統朝には一度も派遣されず、それに代って、新羅への使は度々出かけているし、向うからもしきりに使が来日した。

つまり外交路線にも、明らかな変更が見られるのだ。

憲法改正、外交路線の変更——これが政策の大転換であることは、現代と比べてみればよくわかる。天武朝においては、鎌足の描いた政治世界は完全に否定されたのだ。

その中で、歯をくいしばって身を縮めている彼に、しかし同情は不要である。この不遇と屈辱感こそが、彼が後年したたかナンバー2日本一になる土壌となったのだから。

「艱難汝を玉にす」

というのはいい古された格言だが、ある程度の真理は含んでいる。ハンデを負った出発、自力では払いのけられそうもない不幸は、幸運な七光り族や、挫折を経験したことのないエリート族が身につけ得ない闘志と根性を与えてくれるものなのだ。

地道に頭を伏せて

さて、不比等の前半生はほとんど明らかでない。身を立てるのは官僚になるよりほかはなかった当時のこと、彼はいつのころからか官吏の道を歩みはじめた。民間会社や自由業などのなかった時代だから、官吏コースはたった一つの狭き門だ。それに比べれば現在の大学受験や就職試験など、泣き言をいうのがおかしいくらいだ。

その中で人よりひと掻き前に出るために、彼の努力は並たいていのことではなかったろう。三十一歳のとき、判事に任じられて、やっと彼は歴史に顔を出す。判事といっても、現在の裁判所の判事ではないが、刑部省という訴訟の裁判や罪人の処罰を行う役所に属し、罪人の罪名をきめたり、裁判の判定を行うという意味ではちょっと共通しているところもある。判事に任じられるには、だから法律に精通し、判例に明るくなくてはならない。その点彼は司法試験に挑戦し、難関を突破した司法官と似ている。

が、考えてみれば、その当時施行されていた飛鳥浄御原令は、父鎌足の作った近江令を否定する形で作られたものではないか。それをとことんわがものにしようと励むのはをいささか皮肉だが、じつは、このあたりに、並々ならぬ彼の魂胆が秘められているのだ。

その深謀遠慮については後でふれるとして、ここでは単に、彼が法律の専門職を選んだことに注目しておこう。当時有力者の子弟は若い頃から宮廷に出仕し、ある程度見習い期間が終ると官吏として順調に出世して行く。鎌足在世当時なら、そんなコースも望めたろうが、彼はそうした連中を羨みもせず、法律専門家の道を選んだ。このあたりには、人生への教訓を含んでいるかもしれない。

「いたずらに出世をめざさず、エキスパートへの道を！」

廻り道に似ているが、素手で世の中を泳ぐためには賢明な選択である。専門の知識というのは身につけるのは努力がいるが、その代り、自分のものとなってしまえば誰もそれを引きはがすことはできない。つまり代りがきかないのだ。多少気に入らなくとも、

「あいつに任せておくか」

ということになる。競争社会に生きる人間にとって、今も通用する出世の秘訣だが、とりわけ、深い魂胆を秘めてナンバー2への道を歩む不比等の、的を絞った生き方といえるだろう。

もっとも、さすがの不比等も、天智のライバルである天武の在世中は足踏みを余儀なくされていたらしい。天武のきさきのうち、氷上娘と五百重娘は同じく鎌足の娘で彼の異母姉妹である。彼女たちを通じて御機嫌をとり結ぼうとしたことは当然考えられるが、天武はたやすく彼を近づけなかった。

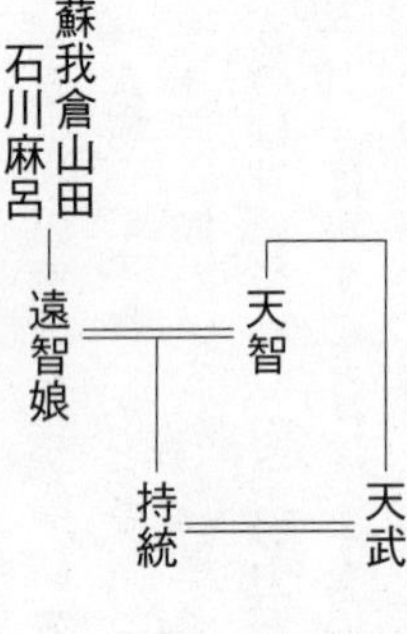

ともかくも判事として歴史に顔を現わすのは、天武の死後、持統女帝の時代である。持統もまた天武とともに壬申の乱を戦ってきた過去を持っている。そればかりではない。じつは彼女の母は、最近注目されている飛鳥の山田寺の創立者、蘇我倉山田石川麻呂の娘なのだ。持統の祖父である倉山田石川麻呂は、中大兄や孝徳天皇に謀叛の疑をかけられて自殺している。それがもとで彼女の母は早死してしまうのだが、何と因果なことに、その母の夫というのが天智天皇なのだ。父と母の間にあった愛憎を見せつけられて持統は大きくなった。天智の背後に鎌足がいたことは彼女にとって、終生忘れ得ないことだったろう。

そう思えば、不比等の出世など、とうてい許すはずがないのだが、何といっても、乱後十数年、勝利者の心はやさしくなりつつある。しかも彼が地道な法律の専門職であったことも、心を許す原因の一つになったのではないだろうか。考えてみると、彼の人生の選択は、実に容易ならぬ計算に基いたものだったのであるが……

はりめぐらされた人脈

さて、判事としての地歩を占めた後、彼は女帝の下で、真摯（しんし）に勤勉に働く。野望を秘めた者はそうでなくてはいけない。研ぎすまされた爪は、その片鱗さえも覗かせてはならないのだ。しかし、忠誠を装いながらも、彼の眼は、持統ではなく、次期後継者にひそかに向けられていた。それが持統の孫、軽皇子（かるのみこ）（後の文武天皇）ときまったとき、彼はさりげなく一歩を進める。

何といっても、持統は経験も豊富、うっかりしていれば野心を見ぬかれる恐れがある。不比等にとっては、気骨の折れる相手である。そこでひたすら低姿勢をとり続け、若くて経験に乏しい王者の出現を待つ。この気の長さも、欠くべからざる武器の一つである。やがて持統は王座に疲れ、位を文武に譲る。持統五十三歳、文武十五歳。不比等は働きざかりの四十歳になっていた。

以来、彼はじわじわと文武の周囲に包囲網をはりめぐらす。それも恐ろしい有刺鉄線ではない。甘やかな蜜の匂いのする薄絹の輪——。彼の娘、宮子を文武の傍に送りこんだのだ。それまでに、彼は天武夫人だった異母妹五百重を妻の一人に迎えている。天皇のお古を頂戴したわけだが、異母妹との結婚はこのころ珍しいことではない。当時は母が違えば結婚は自由ということになっていたからだ。

この五百重が天武との間にもうけた新田部親王も、だから、当然不比等の庇護の下に入ったことになる。付け加えておくと、五百重はやがて不比等の子を産む。四男の麻呂がそれだ。こうして宮廷とのパイプを太くしながら、さらに彼は、新しい妻を一人獲得する。

県犬養三千代——後の橘三千代だが、彼女は持統の信頼の篤い女官であり、文武が生れて以来、身辺にかしずき続ける忠実な乳母であった。

かくて不比等は持統及び文武の周辺の情報をがっちりと握りこむ。愛のたわむれと見せての周到な人脈の配置だ。やがて文武に愛された宮子は男児を産み、三千代は不比等の子（女児）を産む。その男児こそ、後の聖武天皇、女児は光明皇后——と書けば、彼の人脈作りの成果は史上最高であることが納得できよう。もっとも、これまで藤原氏の血を享けた天皇は一人もなかったし、皇后（正式の第一夫人）も藤原氏出身は一人もいなかった。その実現はかなり難航し、さすがの不比等も、わが娘が皇后の座につくのを見ることなく世を去るのであるが。

女性が混じってくるから何やらなまめかしい話になるが、この人脈作りのみごとさはどうであろう。もちろん官僚社会での人脈作りもそつはなかったが、このとき、彼は意識して、新知識層、海外の事情に関心を持つ進歩派官僚を集めた気配がある。

それはもちろん、彼自身が海外の状勢に対して、敏感な嗅覚を持ちあわせていたからだ。

——時代は変りつつある。

たしかにその通りだった。とりわけ、朝鮮半島と大陸の関係は、このところめまぐるしい変化を続けていた。

それより以前、朝鮮半島は高勾麗（こうくり）、百済（くだら）、新羅の三国に分れていたのだが、新羅は強大な大陸の王国、唐をバックに高勾麗、百済を滅亡させた。その百済を救うべく、日本が出兵して敗績するのが白村江（はくすきのえ）の戦いで、ちょうど中大兄皇子の時代にあたる。敗北した中大兄は、勝利者、唐・新羅の威圧のもとに新国家を作る。これが近江朝廷である。このときは敗戦後の日本の進駐軍と同じように、唐軍が日本にやってきている。ところが、半島では新羅と唐の間がまずくなった。新羅は唐の支配を嫌って、遂に半島から手を退かせてしまう。日本で壬申の乱の起った頃である。日本が遣唐使を廃し、新羅とのつながりを深めたのも、こうした国際状勢と無縁ではないであろう。

しかし、新羅もいつまでも唐に楯つくわけにも行かず、しだいに友好関係を取り戻す。

不比等の乗り出そうとしているのは、まさにこの時期だった。

「唐とのつきあいにそっぽ向いているなんて、もう時代遅れだ」

「新羅も唐と手を握ったのだからな。日本だけ取り残されている」

知識人の大合唱を背景に、不比等は律令改正の推進役を果す。ここに及んで彼の人生設計の周到さに我々は気づかされる。彼は、はじめから深い意図をいだいて法律の専門家の道を志したのだ。

「現在の飛鳥浄御原令にはこういう欠陥がある」

「ここには矛盾がある」

刑法をはじめ、各種の法律を、まるで六法全書を頭に叩きこんだかのような正確さでいちいち批判し、新法を作りあげてゆく推進力！　しかも彼はわざと、この新法を、飛鳥浄御原令の一部手直し、という形で押し出した。いわゆる大宝律令がそれである。

もちろん大宝律令も唐の律令そのままではない。大分日本化しているといわれている。が、飛鳥浄御原令から見れば、あきらかに唐寄りの傾斜を見せている。細かいことでいえば、それまでは、「国・郡」というとき、郡（こおり）の字に「評」の字をあてていた。これはあきらかに新羅的な表現で、大宝律令によって、これが中国風に、郡の字に改められたのである。

このとき、彼は正確にはまだナンバー２にまで到達していない。が、すでに一国の路線を左右するに足る実力は十分だ。人脈の広さ、新知識の吸収、国際感覚——。彼のありように、私は一人の財界人のイメージを感じている。実につきあいが広く、彼の事業には全くプラスにならないような人間ともまめにつきあう。優秀なブレーンを抱えて、つねに世界経済を先取りする。冗談のようにいっていたことが十年後には世界の大勢になっているし、不用と思われる人脈も意外なところで役立っている……不比等に背広を着せたら多分こんな人物になるのではないだろうか。

さて、ここで不比等は一つの目的を達した。天武・持統朝に作られた飛鳥浄御原令の大改訂——によって、鎌足の業績を踏みにじった天武・持統への報復はみごとになし遂げられたのである。まだこのとき太上天皇として権威を保っていた持統が、その改革に快く応じたとは思われない。

が、不比等は女性群によって文武を虜にしている。新知識人の官僚による理論武装にはこと欠かない。持統は唇を噛んで悔しがったことだろうが、なす術はなかったらしい。

復讐は着々と

次の狙いは外交路線の変更である。完全に不比等のペースに乗せられた文武は、一も二もなく遣唐使派遣に賛成する。

「東アジアの世界の中で孤立することはもう許されないのです」

むしろ積極的に祖母の持統に説いたのではないだろうか。古代権力の象徴ともいうべき持統も、孫の目から見れば時代遅れのおばあさんであった。この遣唐使の派遣をきっかけに、日本には唐風ブームが巻き起る。

——ああ、夫と私の築きあげた世界はすべて崩れてしまった……

歎きながら、持統は、不比等の深謀に気がついたに違いない。

そのころ彼は大納言に昇進していた。閣僚クラスではあるが、名目的にはナンバー2ではない。ただし、左右大臣が上席にいるが、彼らはすでに年もとっているし、とうてい新時代についていける人物ではなかった。多分、不比等自身、彼らのことは問題にしていなかったのではないか。

その意味では、彼はすでに実質的なナンバー2である。それも、老い、かつ能力に乏しい左右大臣に対してのナンバー2ではない。

そろそろ彼の本心を暴露させるときがきたようである。彼がめざしたのは、日本のナンバー2になることだった。つまり天皇につぐナンバー2に……。それも忠実な臣下としてのそれではない。ナンバー1にゆさぶりをかける恐るべきナンバー2に、である。

しかし表向きはあくまでも謙虚そのものだ。しかし、大政治家である持統は、その恭(うやうや)しげな表情の中に、

「いかがです、太上帝(おおきみかど)。わが父鎌足の足跡をみんな消そうとなさいましたが、ごらんの

通り、私はそれを全部復活させてごらんに入れました」

不敵な宣言を読みとったに違いない。

晩年の持統は、必死で不比等の圧力を撥ねのけようとしたようだ。もう孫の文武は頼りにはならなかった。孤軍奮闘、彼女はかつて壬申の乱に協力した、美濃・尾張・伊勢等を廻って、巻き返しを試みようとした。すでに当時の功臣は死んでいたが、その子孫に位を与えたり田地を与えたりしているのは、いざというときの決起を促すためではなかったか。

しかし彼女にはすでに老いが近づきつつあった。地方巡行の無理が祟ってか、やがて彼女自身が世を去ると、不比等にはもう恐いものはなくなった。ナンバー1の文武はいわば娘婿、何でも自由にできる、と思った矢先、何と運命とは奇妙なものか、その文武が持統の死の数年後、二十五歳の若さで世を去ってしまったのだ。

忘れ形見の皇子（のちの聖武）はまだ十歳にもなっていない。幼帝の即位の例のなかったそのころ、彼の夢みた王国は脆（もろ）くも瓦解する。そして、持統の執念を受け継いだような人物が行くてに立ち塞がるのだ。

遷都の魂胆

不比等の前に現われたのは、持統の異母妹阿閇（あへ）皇女——。じつは彼女は亡き文武の母でもあるのだ。詳しくは系図を見ていただきたい。母違いの姉妹はあまり仲よくないものだが、彼女たちは例外である。

母親はともに蘇我倉山田石川麻呂の娘だ。この父親が非業の死を遂げた後、姉妹は天智の妻として肩を寄せあって生き、子供を育ててきた。だから母が違っても持統と阿閉は仲がよかったのだろう。持統の息子・草壁皇子の妻となったのは、この阿閉なのである。

文武は死の直前、母親に皇位を委ねた。こうして思いがけなく女帝となったのが、つまり元明天皇である。彼女は文武が不比等の娘との間にもうけた皇子を即位させるのは、あまり気がすすまなかったのではないか——これは私の想像にすぎないのだが……

持統に代って登場したこの女帝に対しても、不比等は陰に陽に攻撃を加える。その最も巧妙な政策が平城遷都である。

持統女帝時代、都は飛鳥浄御原から藤原京へと遷っていた。これは天武時代にすでに計画されていたもので、その死後、持統時代に実現したわが国最初の本格的な大規模な宮殿と整然たる区画を持つ市街地のある都だった。

ところが、まだ遷都して十数年しか経っていないのに、元明時代に奈良へ都が遷されるのだ。巨費を投じた新都をなぜ元明は放棄したのか。

「奈良は方角がいいから」

くらいしかその理由は説明されていないが、これでは根拠が薄弱である。都というものは、広さだけで物理的に選ばれるものではない。政治的に見れば、それぞれ中心になる権力者の本拠である。飛鳥に行けばわかるとおり、藤原京のはずれには山田寺がある。すなわち、あのあたりは、蘇我倉山田石川麻呂の本拠なのだ。だからこそ、持統や元明はこの地に都が造られることを望んだのではあるまいか。

一方の平城京はどうか？　彼女たちには縁が薄い。それから北にかけては中臣氏（藤原と同祖）がいたらしいし、不比等は幼時養われた田辺氏が山科にいたというのにも注目したい。それから南下したところに平城京はあるのだ。学者の中には、不比等はこの奈良の地と何かかかわりがあったと見ている方もある。

元明にとっては心に染まぬ遷都である。そう思ってみると、遷都の詔にも、藤原京への未練が窺えるし、また万葉集の中にも、故郷に別れる悲しみの歌がある。

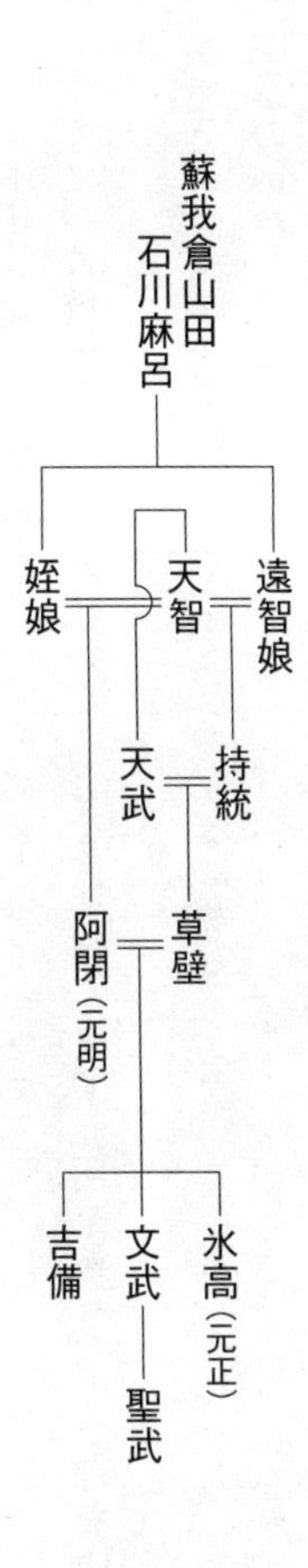

では不比等はどういう手を使って遷都を実現させたか？

思うに、持統・文武と死の続いたことを武器に、まず元明を脅したのではないだろうか。

「あそこは縁起が悪い。悪くすると、今度は帝も……」

「帝の御身を思えばこそ」

忠義顔してすすめたに違いない。

さらにもう一つ、大宝律令が遷都の大きな理由になった。憲法改正によって、行政機構も大きく変ったので、それまでの藤原京の官衙（かんが）は使いにくくなった。官吏の数も増えた。こうなると藤原京ではいろいろ都合の悪いところが出てくる。

それらを並べたてて、不比等は遷都を主張したのである。持統ほど政治に馴れていない元明は遂にそれに従わざるを得なかった。ナンバー1は、遂にナンバー2の前に膝を屈したのである。

そう思うのは、あながち想像だけではない。奈良に行ってみると、昔の平城宮のあったところが次々と発掘調査されているが、その宮城に隣りあわせて、威容を誇っていたのが、藤原不比等邸なのである。娘の安宿媛（あすかべひめ）（後の光明皇后）はそこで育った。一つ門をくぐって宮中に入れば、そこは文武の忘れ形見の首皇子（おびと）（後の聖武天皇）の宮殿なのだ。しぜんに二人を近づける計画はちゃんとできあがっている。

演技力日本一

こうして、故郷から切り離され、首に縄をつけるようにして元明が奈良に遷ると、いよいよ政治は不比等ペースで行われるようになった。

しかし元明はそのまま引き退りはしなかった。不比等がお膳立てをこらし、いよいよ首が十五歳を迎えたそのとき、さっと身を翻して、位を独身の娘の氷高(ひたか)皇女に譲ってしまうのだ。

――やられた！

つねに勝利を握り続けてきた不比等は、ここで打(う)っ棄(ちゃ)りを食わされる。しかも母の後を継いだ元正女帝もかなり健闘を見せている。彼女のめざしたのは、持統路線の復活である。さすがに即位直後は力足りず、遣唐使派遣に同意してしまったが、それ以後、彼女は絶対に遣唐使を送ろうとはしていない。

不比等の作った大宝律令にも手直しを行っている。これが養老令といわれるものだが、周囲の抵抗が強かったらしく、改訂は行ったものの、当時は実際に施行には到らなかった。これが実施されるのはむしろ彼女の死後なのだが、いま日本の律令の形を伝えるのはこの養老令なのである。

また彼女は、持統にならって、美濃、尾張の地を廻っている。壬申の乱の功臣の子孫たちとのよしみを強化したかったのではないだろうか。

元正がこうしたささやかな抵抗を行っている間に、さすがの不比等も年老いてきた。そして、遂に、七二〇（養老四）年、六十三歳で世を去ってしまった。だから彼は、首皇子（聖武）の即位は見ていない。まして娘の安宿媛の立后はそのさきのことである。キングメーカーになれずに終ったのは残念至極だったに違いないが、未婚の氷高はその後遂に首に譲位し、その後波瀾はあったにせよ、安宿媛の立后も実現する。不比等の夢は一〇〇パーセント叶えられたのである。そしてそれをきっかけに、天皇家と藤原氏の結びつきが、長く続くことを思えば、まさに彼は藤原王朝の創始者といえるのではなかろうか。

それより彼について注目すべきは、その手段の巧妙さだ。余りにみごとなので、日本人は長い間彼にだまされ続けていた。彼がじつにあざやかに天武・持統朝に報復し、亡父鎌足の描いた世界を再現したことには誰ひとり気づかなかった。憲法改正、外交路線の変更、そして遷都――。天武・持統の路線を徹底的に打ちのめしたにもかかわらず、彼を持統の忠臣だ、と思いこんでいる歴史家の何と多いことか。

いや、それどころか、中には、持統に愛され、肉体関係まで持っていたのだ、と推定する評論家などもいる。

――まあ、シツレイな！

地下の持統が聞いたら、柳眉(りゅうび)を逆立てて怒ることだろう。

つまりは、それほど不比等のゼスチュアがみごとだということなのだ。が、彼の忠臣説はさらに誤解を生む。

元明も元正も不比等を信頼し、彼と手を組んで、聖武の成長を待っていたのだ、と。つまり、元明と元正は、聖武に皇位を渡すまでの皇位を預った中継にすぎない——と見るのである。

果してそうだろうか。史料を仔細に見るならば、政治路線はこの間に大揺れに揺れている。たしかに不比等が病気になれば元正は大げさに悲しんでいるし、その死にあたっては手厚く、弔意を表している。

が、こうした形式的な弔辞が本音にふれていないことは今も昔も同じことだ。大いにともかく、悲しんでみせながら、内心セイセイとしている例はざらにあるではないか。

千数百年間、本心がバレもせず忠臣面をしつづけたとは、何とみごとではないか。思うままにナンバー1を引きずり廻し、鼻の先で、相手が血の気を失うほどの残酷な報復をやってのけながら、なおも恭しく笑みを湛(たた)え、さらに新しい意地悪を考えて飽きることがない。まさにいじめ日本一はこの不比等かもしれない。

——ああ、この男さえいなかったら。

多分女帝たちは何度かそう思ったことだろう。が、彼女たちは、遂に不比等を失脚させることはできなかった。彼があまりに有能でつけこむ隙を与えなかったからだ。しかも当時の律令制度というのは、新規輸入のコンピュータに似ている。機構を熟知した技師がいなければ動かすことはできない。

それに豊富な人脈、すぐれたブレーンを抱えている。追い落すどころか、女帝たちは、自分たちがつけこまれる隙を見せないようにするのがせいぜいだった。

世の中には、みずからの有能さを発揮できず、満たされない思いでいるナンバー2は意外と多い。とりわけ彼の頭の上にいるナンバー1が、世襲のオーナーだったりすると、

「全く何もわかっちゃいないんだから」

とぼやいたりする。

こんなナンバー1さえいなかったら、思うさま腕がふるえるのだが、と思うらしいのだが、それがいかに思い違いであるか、不比等の例を読めば、おわかりいただけると思う。

そういうナンバー1がいるときこそ、ナンバー2は凄腕を発揮することができるのだ。心からの忠臣を装いながら、ときどきナンバー1にゆさぶりをかける。ときにはさすがのナンバー1もそれに気づいて愕然とするのだが、しかし、彼をやめさせることはできない。秘密は握られているし、会計も営業も人事も、いつのまにか彼がいなくては機能しなくなってしまっている。

これだけの実力のあるナンバー2は敢えてナンバー1を狙わない方がいい。ナンバー2に徹するとき、その楽しみは、倍加する。

――気の毒だなあ。こんな楽しみ、分けてあげられなくて。

肚の中でそういいながら、いとも鄭重に社長の手足になったふりをする。もしかすると不比等は、史上最高の名優であったのかもしれない。

視点を変えて――ナンバー1からの採点

無能もヘマも芸の内

最後に視点を変えて、ナンバー2を眺めてみよう。ナンバー2じたいをみつめるのではなく、ナンバー1の立場から、合せ鏡ふうに観察するのである。ナンバー1が期待するナンバー2とは何か。ナンバー2、あるいはそれをめざす人々の前には、実際にはナンバー1がデンと存在しているのだから、その意向に注意を払う必要がある。

そう考えてみると、おもしろいことに気づく。有能なナンバー1が要求するのは、義時型、秀忠型、時忠型のパートナーだが、それと同時に、全く別のタイプが現実には厚遇されているのだ。

一言にしていえば、それは無能、無神経、そして丈夫で長持ち型の人間だ。そして実際にナンバー2としての生命を長続きさせているのはこのタイプなのである。

平安朝の権力者として代表的な人物は藤原道長だが、彼がパートナーとして選んだ藤原顕光（あきみつ）は、まさにこんな人間だった。そのおかげで道長政権は長続きし、しかも顕光は副総理格のポストを占め続けた。その意味で、彼は道長にとって欠くべからざる人間であり、かつ、自分の実力以上の地位を保った幸運な人間なのである。

顕光は道長よりかなり年上だ。家柄もいい。官界にデビューしたころ、彼の父親の兼通は政界のトップにおり、おかげで、彼もスピード出世をした。もっとも能力的には、

「あれは大したことはない」

という定評があったらしく、早くから弟の朝光には追い越されていた。朝光はかなりの才子で派手ごのみ、一時はスター的存在だったらしい。もっともそれで顕光が弟を嫉妬したり、コンプレックスを感じたりした気配はない。よくいえば、いい家の息子らしい、ものにこだわらない鷹揚さであり、見方によれば、生れついての鈍感、無神経ともいえるだろう。

ところで、父の兼通が亡くなると、その弟兼家の全盛時代がやってくる。そこで出世するのは彼の息子の道隆、道兼、そして道長——。顕光はどんどん彼らに追い越されてゆく。こういう点は、現在の会社と同じで、社長が交替すれば、前社長派はしだいに隅に追いやられてしまうのだ。

それでも、弟の朝光は、要領よく道隆と飲み友達になり、かなりのポストを確保し、相変らずスター的存在だったが、顕光はいっこうにうだつがあがらない。それでも案外くさりもせずにいるところが彼らしいのだが、その彼に運が向いてきたのは、兼家系の末っ子、道長が妙な風の吹廻しでトップの座に坐ることになってからである。

道長が左大臣――つまり社長の座についたのは、兄の道隆が腎臓病で世を去ったのに続いて、そのころ起った流行病のために次兄道兼はじめ、閣僚クラスがばたばたと死んでしまったこと、その後に起った政権争いに運よく勝ち残ったからなのだが、降って湧いたような好運だけに、道長の苦労もなみたいていではなかった。

平安時代の政治などというと、ワンマンが何事もきめてしまうように思いがちだが、決してそうではない。たとえば、廟議（びょうぎ）――閣議、取締役会にあたる会議の運営もきまりがあって、発言は下位の者からときまっている。

――上の人が意見をいってしまうと、下の者がいえなくなるから。

というのがその理由であるが、その代り下の者は、上位者の意向を敏感に先取りして、後で恥をかかないように注意して喋る必要がある。また、一つの事を審議するには故事先例をよく調べて、それを例にひきながら、自分の意見の正当性を強調する必要がある。つまり六法全書、判例集を頭に叩きこんで渡りあうのである。

しかもメンバーはそれぞれの派閥がある。人事問題ともなれば、それぞれの利益を代表して火花を散らす。それを聞きながら会議を統轄（とうかつ）するのが左大臣である。道長も馴れないうちはライバルと席上で大喧嘩して、その怒鳴り声が外まで聞えたくらいで、度々ヘマをやらかした。

そうした苦しい経験を積みながら、道長はしだいに根廻し術を身につけてゆく。ワンマンどころか、彼は気配りの大家なのである。その彼が、顕光をナンバー2に選んだというのも、じつは彼の深謀遠慮の一つなのだ。

第一、誰の眼にも、道長と顕光の力量には格段の差がある。顕光を担いで道長を潰そうなどと考える者は一人もいない。このころは政策決定の会議のほかに、儀式が次から次へと行われ、それが政治の上で重要な意味を持っていたが、たとえば顕光にそれを主宰させると、次々ととんでもない失敗をやってのける。道長も時には腹を立て、

「至愚の又至愚」

と日記の中で罵ったりしているが、それでもじっとこらえて、パートナーの座から外さなかった。

彼の無能ぶりは、下位の人々の物笑いの種にもなっていた。しかし、道長が彼にナンバー2の座を与えている以上、彼をひきずりおろして自分たちがその座に上ることはできない。そしてその上のトップの座を狙うことはより不可能である。かくて、道長政権は長続きする。つまり顕光は、その無能さのゆえに、道長にとって、絶好の防禦壁の役目をしていたともいえるのだ。

才子の朝光だったらこうはいかなかったろう。もっとも朝光は例の流行病でポックリ死んでしまった一人だが、生きていたら道長ととんでもない摩擦をひきおこしてしまったかもしれない。また道長も、彼のような才子には、用心してナンバー2のポストを与

えなかったのではないだろうか。

賢明な大ものナンバー1は、すべからく顕光型の人間をパートナーに選ぶべし。いや、そんなことをいわずとも、有能社長の傍を見廻してみるといい。案外、顕光型のナンバー2が、のんびりした顔を並べていることに気がつくはずである。

その意味で、道長は古代きっての名経営者の一人である。ライバルもいたが、彼らの不満を、うまく顕光にぶつけさせ、

「ああ、あの御仁にも困ったもんですよ。しかし憎めない人なのでねえ」

などと相槌をうち、たくみにライバルをおだててしまう。このバランス感覚は坊ちゃんではできない。末っ子に生れ、周囲に気をつかうことを知っている道長にしてできる経営術だ。しかもそんな蔭口に全く気づいていない顕光という存在ののどかさもここで大いに一役買っているのである。

もっとも、ナンバー2をめざす人々にとっては、こういう話はあまり気持のいいものではないかもしれない。顔をしかめて、

――俺は顕光ほど無能ではない。

と不満を洩らされることだろう。

しかしである。この顕光タイプは、ある意味での人生への教訓を含んでいはしないだろうか。これはじつは有能なナンバー1とつきあうコツなのだ。もしボスがやり手でき

らきらした存在だったら、むしろナンバー2は顕光型を装うべきである。少なくとも、ボスがその座を退く直前まで、顕光を演じ続けることが第一の条件である。自分の才能をきらめかせるのは、それからでも遅くはない。

コンビを組むなら反対性格

この顕光型についで、ナンバー1に重宝がられるのは、自分と全く相反するタイプである。この二人が名コンビを組むときが企業が一番伸びるときではないだろうか。

その例が足利尊氏と弟の直義で、この二人のコンビのおかげで足利氏は天下をとったようなものだ。尊氏はよくいえば大まか、天衣無縫、悪くいえば行きあたりばったり、無計画、無原則に近い。一方の直義は理論家肌で、何事も几帳面、ちゃんと始末をつけないと気がすまないタイプである。

二人の性格を象徴するこんなエピソードがある。そのころ八月一日は八朔といって、現在のお中元のような贈答が行われるのがつねであった。が、直義はこうした贈物をうけるのをひどく嫌った。潔癖な彼は、儀礼の枠を超えた、ワイロに近いものが持ちこまれるのが腹に据えかねたのだ。そこで、

「自分は一切八朔の贈物はうけない」

と宣言した。クリーン政治を打ち出したのである。

ところが尊氏は、そんなことはおかまいなしだった。来るものは、ワイロに近かろうが何だろうが平気でうけとった。その代りもらったものを次に来た者に、

「いや、ありがとう」

「これは手土産だ」

と次から次へとやってしまった。結局その日が暮れたとき、尊氏の所も直義の所も、贈物の手持はゼロだった……

これはどちらがいい、という問題ではない。この二人がコンビを組んでこそうまくゆくのである。政治のやり方も、尊氏は放漫型、直義は緊縮型といえるかもしれない。しかも、理論ずくめの直義はおもしろいことに合戦は上手ではない。それに比べると、尊氏の方はいい加減で、負ければ逃げ、勝てば勢に乗じて打って出るというやり方だが、結構それが成功している。史上稀にみる名コンビであろう。

しかし後になるとこの性格の差が悲劇を生む。もちろん複雑な政治的事情がからんでのことだが、両者は対立し、敗北した直義は結局、ひそかに毒殺されてその一生を終えるのだ。相手を知りすぎた兄弟はいったん対立したとなると、憎悪も人一倍激しくなるのであろう。

このことはナンバー1に一つの教訓をしめしている。かけがえのないナンバー2は成

功をもたらす最高の味方だが、それと同時に、また最大の敵である、ということを。

さらに、ナンバー2族にとって、直義の語る意味はより深い。

人生において、これぞ、と思うナンバー1にめぐりあったとき、生命を賭けて行動をともにすること、それはナンバー2の最大の幸福だ。

「自分がいなければ、この勝利はあり得ない」

と実感することこそ、人生の生甲斐ではないか。しかし、その目的を達したとき、多分彼はナンバー1によって命を絶たれていることだろう。逆にいえば、それを覚悟の上でおのれを賭けられるような相手を見出したそのときにだけ、ナンバー2は全力を尽すべきなのである。

もっとも、直義の場合、彼の失敗は、ナンバー3以下の武士団の心を摑んでいなかったことにある。このことは何度かふれてきたが、ナンバー2の挫折に共通して見られる現象なのだ。ナンバー2は、どうしてもナンバー1の方へばかり顔を向けがちである。社内の動向、あるいは時の流れ、を的確に捉える点で、ナンバー1よりもむしろ有利な位置にあるにかかわらず、その視点を忘れがちなのが惜しまれる。もし直義がそれを心得た上でナンバー1にのしあがっていたら、あるいは南北朝時代はあれほどの無秩序な混乱を続けなくてもすんだのではないか。政策マンとしての彼はその力量を十分に発揮しないで終ってしまったような気がしてならない。

対談

いま、ナンバー2がなぜモテる

城山三郎
永井路子

花より実をとった気配りの天才

城山　私は、関白藤原道長というのは完全にナンバー1型の人間だと思っていたのですよ。「此の世をばわが世とぞ思ふ……」などと歌い、栄耀栄華を尽していますしね。ところが永井さんの本（『この世をば』）を読みましたら、彼は初めからナンバー1志向ではないんですね。

ナンバー1になる人はもう決まっているし、自分もそんなことは考えてもいなかったのだが、上の人間が亡くなったり、はずれたりして次第に自分の地位が上ってくる。それに応じて自覚も出てきた。つまり、ナンバー2の人間がナンバー1になっていくんですね。案外、こういうことは珍しいことではなかったのではないかという気もするんですよ。

永井　そうですね。道長は五男でしたから、当時の常識では絶対に関白とか権力の座はめぐってくる気遣いはなかった。せいぜい、よくて並び大名というか、閣僚級に入ればいいぐらいの気持だったのですね。それが、父が早く死に、兄も次から次へと死んで、思いがけなく自分にその番が回ってきた。もちろん力量もあったわけですが、そういうところから上った人でなければわからない人情の機微のようなものを知っているんですよ。兄の道隆とは非常に対照的ですね。
　道隆は長男ですから、次の関白は自分だという気持できています。自信もあるし、わりと冷酷なところがある。自分の悪口をいった男をうまく窓際族に仕立てちゃうのね。これがなかなかうまいんですよ。彼をどんどん出世させる代り、取締役ではあっても部下のないポストにつける。周囲の人は彼を出世させるのを見て、道隆はなかなか度量があると思ったりする。しかし、やられる方は海千山千ですから、道隆の狙いをよく知っている。そこで周りの人にどうか俺を出世させないでくれと頼んでまわるんだけど、とうとう出世させられちゃう（笑）。

城山　なるほどね。

永井　道長はそれを見てきていますからね。そのようなとき、人はどういう気持であるかを考える。いやな言葉だけど、この人の気配りは平安朝随一ですね。それがやっぱり、〝2〟にもなれなかった人が〝2〟になり、ナンバー1になってきた味というか、そんな感じがしますね。

城山　その気配りも、いわゆる気配りがよくできるということを感じさせないのですよね。ごく自然になされる。

永井　そうそう。彼には、実際、一種の陽気さがあり、これが救いですね。たとえば、没落してしまったかつてのライバルを呼び、一緒に宴会をやったりする。その人が遅れてくると皆相当でき上がっていて、ある男が、まあお楽に、お楽にと彼の上着を脱がせようとするんですね。この男は中位の役職の人で、これが彼のプライドを傷つけ、お前などに脱がせてもらうような俺じゃないと気色ばみ、一触即発の状態になる。すると道長がさっと出てきて、「私が脱がせてあげましょう」ととりなし、彼も機嫌を直す。

また、その人がしょぼくれて行列の後の方を歩いていると、「自分の車にお乗りなさい」と乗せているのね。道長は総理大臣で、その人は中納言、まあ閣僚級でも下の方ですよ。

このように、敵をつくらないというか、敵に人前で恥かしい思いをさせない、という気配りが道長にはありますね。

城山　逆にいうと、道隆のようにナンバー1コースを走ってきた連中には、一種の驕り（おご）というか、自分で土俵を割っていってしまうところがありますね。

永井　そうなんですよ。自信が裏目に出て失敗するケースはあるようですね。

城山　勇み足というかね。でも、道長の「此の世をば……」というのは、自分の三人の娘が皇太后、女皇、中宮になったことがうれしいということだけのことで、それ以上の意味はなかったということですね。

永井　ええ、それなのに威張り驕っているようにどうしていわれるのか、不思議なんですよ。今まで読まれている有名な歴史書には、あの歌は出てないんです。

たとえば、道長に関して一番詳しい『栄華物語』にもこの歌は出ていないし、『大鏡』にもない。何に出てくるかというと『小右記(しょうゆうき)』。道長のライバルの藤原実資(さねすけ)という人が、道長の欠点を洗いざらい書き立てている、その中でとり上げられているんですね。道長は、そんなつもりで俺はいっていないと、今ごろ、冥土で泡食っているんではないかな。

城山　ハハハ。

永井　それに平安朝は、官僚社会、組織社会ですから、ワンマン社長ではできない時代でしょう。閣議一つやるにしても、下の人から発言するというルールがきまっている。また、古事先例といって、当時の六法全書を頭の中に叩きこんでおき、こういうときはこういう判決でしたからこの人の罪はこうすべきだ、とかね。で、その中で、各々の派閥の利害を背負って渡り合うわけです。道長は座長役ですから、こうした状況を把握して最後の議決をとる。

よく、道長は御堂関白(みどうかんぱく)といわれてますけど、関白になっていないんですよ。関白になると議場に臨めないですからね。各々の思惑がわからない。下の人全体を摑むためには、やはり現場にいなきゃだめだと考えていたんですね。

城山　名前はどうでもいいから、実権を放さない。〝花も実も〟というふうにいわずに、花は捨てて、実をとるという生き方ですね。

結論的になりますが、良きナンバー1になるためには、良きナンバー2的な性格をもっていないとだめですね。単純なナンバー1型人間は危険ですね。

良きトップは、良き「ナンバー2」的性格を持つ

永井 現代の企業の方ではいかがですか。実際にご覧になって……。
城山 日本の場合、うまくいっている企業は、ある意味でナンバー1がいないんですね。本田技研がそうです。本田宗一郎という技術畑の人間と、藤沢武夫という、販売、経営、管理の人間と二人がペアでいる。
本田さんにいわせると、自分は社長じゃない、専務か技術担当重役だというんですね。実印はほとんど全部、もう初めっから藤沢という人に渡しちゃって、決裁は全部まかせてしまっている。しかし藤沢さんは、自分はあくまで副社長だからというわけですね。その意味でナンバー1がいないんですよ。
永井 ああ、そうですか。
城山 ソニーもそうです。井深大という技術畑の人と盛田昭夫という管理をしっかりやる人の二人がいる。井深さんは、経営や管理のことは盛田さんを初め何人かがうまくやってくれたので、自分は技術だけやっていればよかったといっている。盛田さんは盛田

さんで、うちには井深さんという技術に素晴しい人がいたという、お互い、素晴しい人がいたといい、組んで仕事ができてよかったといっているんです。やっぱりナンバー1はいないわけですよ。

永井　なるほど。

城山　トヨタ自動車もそうですよ。工業の石田退三と販売の神谷正太郎の連携プレーがうまくいって世界的企業に躍進することができた。

だから、日本で強い会社というのは、ナンバー1がいない会社ではないかと思うんですね。へたにナンバー1が強い会社になると、パーッと突っ走って、みんなバタン、バタンとなって経営が入れ替わるというのが普通ですよ。

私は、良きナンバー1になるためには、自分の中にナンバー2的要素を持って育てていくか、それができなければ、ワンマンにならないか、そのいずれかではないかという気がするんですけどね。

永井　なるほどね。そういわれると、ナンバー2で一番素晴しかったのは、やっぱり北条義時ですね。

あの人は、絶対にナンバー1にならなかった。頼朝、政子というナンバー1がいますけど、自分が実力者なんですよ。それなのにナンバー2に徹しきっている。これはある意味で、政治がとことん好きなんです。

会社にたとえれば、有名になりたいんでもないし、お金持になりたいわけでもない。とにかく経営の仕事が飯より好きだというようなタイプじゃないと、みごとなナンバー2はなかなかつとまらないんじゃないかしら。

義時の場合も、位の昇進は望まない。あくまでも陰の人なんです。要するに、政治が飯より好きな男でないかと思うんだけど、やはり、一種のプロ根性がないと〝2〟はつとまらないんじゃないですか。

城山　そうでしょうね。だから、ぼくは明治維新後では大久保利通がそうだったと思いますね。西郷隆盛とか三条実美などを立てておいて、彼は実務をしっかり握っている。ポストからいえば、内務卿ですからね。

永井　そうです、そうです。

城山　だから、ほんとうにナンバー2だけれども、政治は彼が全部やっているわけですものね。

野望を押し殺せるバランス感覚が大切

永井　私は、ナンバー2がナンバー1になるチャンスというのは一回しかないと思うんです。そのときにマズったらだめですよ。明智光秀がそうよね。彼はほんとうはナンバー2ですよ。信長の信頼は、秀吉などよりも光秀にあった。自他ともに許すナンバー2

だった。だから、その一回のチャンスに賭けたわけよね。
これは当然賭けるべきときだったからですけれども、残念ながらこのナンバー2は3以下に対する目配りが足りなかった。だから自分が浮き上っちゃうのね。やはり、ただ一回反乱を起こすとすれば〝3〟以下を全部自分の手の中に入れておかないと、チャンスは一回だけですからね。

城山　彼はそういうことが自分でわかっていなかったのですか。

永井　わかってなかったですね。

城山　とにかく信長を殺せばいいと。

永井　ええ。そこから先の展望を持っていなかったんです。しかも保守的でね。もう時代は変わって、お飾りでしかないのに、天皇とか公家にばかり気をつかっているわけ。やはり足利義昭に仕えていた体質的な古さがあるんですね。

城山　秀吉の持っている庶民性とか、下の人に対する目配り、気配りがないのですね。考え方が古いし、上に偏っている。

永井　そうですね。だから上の人を倒そうということしか考えない。ナンバー2は、やはり下に対するものすごい気配りが必要でしょう。

城山　小早川隆景もナンバー2ですね。秀吉も非常に買っていて、ほんとうにナンバー2としてほしかったのだが、先に死んでしまい、ガッカリしていますね。彼など、毛利家の中で吉川元春が死んでしまえばナンバー1になれますしね。そういうチャンスが再三あるんだけど、彼はそのような気持を持たないですね。

永井　私は周恩来って一番すごいと思う。ナンバー2のナンバー1じゃないですか。

城山　そうそう、ぼくもそう思う。

永井　あの人って、いつの時代にもすごい人気あるでしょう。私は文革のときしか中国に行っていないけれど、もう、周恩来の人気は絶対でしたね。

城山　文革中に行ったのですか。ぼくは文革後も行きましたけど、なお圧倒的でしたね。

永井　そうでしょう。それでいてしかも毛沢東に憎まれないんだから、立派ですね。

城山　小早川隆景なども、周恩来みたいになれる男だったでしょうね。

永井　なれるタイプですね。力がありながら、その野望を押し殺せるというのが、やっぱりナンバー2の条件ではないでしょうか。

城山　周恩来だって、その気になれば事を起こせたでしょう。事実、共産党の初期の段階では、周恩来の方が毛沢東より偉かったんですからね。

永井　そうでしょうね。

城山　それなのに、自分の執務室には毛沢東の像を置いている。晩年までね。ほんとうは自分の方が偉かったのだからいまいましいでしょうけどね。腹の中はどう思っていたかわからないが、ともかく、毛沢東を立てなくてはいけないんだということを、部屋に入った人にいい聞かせる形になりますものね。部屋も大変質素でね。周囲の人たちが見かねて、ある日、周恩来が旅行しているときに全部入れ替えたら、帰ってきて周恩来はカンカンに怒り、全部元のものに戻させたそうです。

永井　みごとなもんですね。

城山　そういう意味で、質素というか、名誉欲もなければ生活も派手にしないで、相当自己を殺せる人でないと、良きナンバー２はつとまらないでしょうね。

永井　そうですね。でもやっぱり、醍醐味があるんじゃないですか、それだけ。富でも名誉でもない、ある種の何か、人間を駆り立ててやまない、本質的な欲望というかなあ。それがないとだめなんじゃないかな。

城山　うん、うん。仕事の上の欲望といいますかね。恐らく彼は、情報は一番握っていたでしょうからね。毛沢東などは、もう上にのっかっているだけでしょうしね。その意味では、自分で全部情報を握って動かしている、そういう快感はあったでしょうね。

永井　それに、歴史を見通す力はあったですね。しかも、絶対にバランスを崩さずに、〝変〟に備えるところがあってね。右に行き過ぎない、左に行き過ぎない。もし左に行き過ぎても、自分は落っこちないだけの、一種の精神的バランスというか、バランス感覚があった。これも大切ですね。

城山 良きナンバー2は、良きバランス感覚を備えている、そうですね。大久保をみても、いろんなことがあったけれども、絶対に中央政権の座から離れない。これが西郷になると、理想が入れられないとすぐ怒って帰ってしまう（笑）。木戸孝允もわりに完全主義者だから、京都や長州へ行ったりしますね。ところが、大久保は絶対離れませんね。非常に粘り強く、権力欲とは違うんだけれど、とにかく簡単にあきらめないですよ。

永井 そういう政治感覚のある人のことを日本人はすぐ、権力に憑かれたとか表現するが、私はそれは間違いだと思いますね。日本人は〝権力〟イコール〝悪〟みたいに、すぐ考えるところがありますでしょ。

城山 だから、ナンバー2にもいろんなタイプがあってね。ナンバー1になれるナンバー2と、ナンバー2どまりのナンバー2、それから、ほんとうはナンバー3なのにナンバー2になってしまったタイプとかね（笑）。

永井 ほんとうに、ケースバイケースですね。

名ナンバー2に必要な能力は

城山 もう一つ、良きナンバー2は、ナンバー1に直言できる男でないとだめですね。ナンバー1にゴマをすり、ご機嫌をとっていればナンバー2になれるけど、こんな男は間違ってなったというか、非常に危ない。

永井　そうですね。

城山　豊臣家の場合も、晩年は淀君が動かす形になり、そこに大野治長が加わる。この男はゴマすり人間でしょう。

永井　まあ、ちょっとナンバー2になる器量はないですね。

城山　でも実際には、彼らがナンバー1的仕事をするんですね。これはもうどうしようもない。

永井　そうですね。結局、秀吉はそういった組織づくりに失敗し、良きナンバー2を育てられなかった。あの人はまあ、社長から受付けまでやりたいタイプですからね。だから困る。

そこへいくと、家康は、組織づくりはうまかった。酒井忠次、榊原（さかきばら）康政、井伊直政、本多忠勝といった四天王をはじめ、適材適所に配置していく。でも、私は、徳川家康の時代をつくったナンバー2は、秀忠だと思うんです。彼は三代将軍家光との狭間にいてパッとしないですが、私にはこの隠れ方になかなかの魅力があると思うんですよ。徳川幕府の一番大事な基礎をつくったのは彼ですね。いつでも、「大御所様の仰せには」ということで、将軍になっても、父家康を立て、自分はナンバー2だよという顔をしている。やはり、政治が飯より好きな男なんですね。家康があきれ果てた堅物ですしね。しかも、これをうまく政治に利用する。自分の娘の和子が後水尾天皇のところに嫁ぐんですが、徳川の娘が天皇家に嫁にいくのは初めてなんですね。ここで一種の公武合体ができる。ところが、この婚約成立の間に後水尾天皇が、自分の近くにいる御所の女房に手をつけ、子供ができちゃう。秀忠はこれを知って、そんなふしだらなところにうちの娘はやれない、キャンセルするといいだすんですね。これ、家康にはいえないセリフです。

城山　ハハハ。

永井　天皇にとってみれば、婚約解消されたらメンツが立たない。そこで勘弁してくれと頭を下げてくる。「わかった」ということで結局、天皇家をおさえちゃうわけですからね。いわゆる徳川幕藩体制を、ほんとうにきめたのは秀忠ですね。この人は、ナンバー1になっても、ナンバー2精神を持ち続けた、タイプですね。

城山　ナンバー1は、猪突猛進型であるのに対して、ナンバー2は、先程もいったように、バランス感覚があり、退くことも知っているわけです。そこで、現代のナンバー2タイプはというと、やはり瀬島龍三ですね。あのガダルカナル島からの転進を決定させたのは、若き参謀時代の瀬島なんですね。

永井　あ、それはすごい。

城山　日本の陸軍の歴史には撤退などはなかったわけですからね。いろんな選択肢はあるけど、とにかくここは撤退した方がいいという案を、敢えて出した。その意味では、やはり非常に優れたナンバー2人間の持つバランス感覚の良さがありましたね。

だから、後に伊藤忠商事に入ったのですが、おそらくあの人は社長になろうとは全然考えなかったでしょうね。その伊藤忠を、繊維会社から強大な総合商社に実務の面で仕上げていった。

今の臨調の仕事でも、表では土光（敏夫）さんを立てて、実務は全部あの人が取り仕切っている。やはり、現代におけるナンバー2人間の優れたタイプだという気がしますね。膨大な情報量を持っていますし、人脈も持っているんですが、絶対にスターにはなりませんしね。

永井　この情報を収集するという能力は、ナンバー2の最大の条件ではないでしょうか。ナンバー1には情報はなかなか入らない。それをアチコチから情報収集して総合判断できる。そういう能力がないと、名ナンバー2にはなれないと思いますね。

ナンバー2殺しに遭わないために

城山　逆に、ナンバー1には、しきりにナンバー2殺しをやる人がいますね。企業にもよくそういうのがあって、自分の座を狙われないように、片っ端からナンバー2を切っていく。これは困りますね。ナンバー2として、殺されないためにはどうすればいいんでしょう。

永井 むずかしいですね、それは。

城山 ひとつは、簡単には切られないぞ、また切られてもすぐ盛り返すぞというように、いつでも敗者復活できるような粘り強さというか、打たれ強さを身につけることですね。

それからやはり、ちゃんとした仕事とか情報量を持っていて、こいつを切ってしまったら、ものすごく大きな穴があいてしまうと思わせる実績を作っておくことでしょうね。

永井 そうそう。

城山 あるいは人脈。こいつを切ったら大変な反乱が起きちゃうとか、外からもやられちゃうとかね。社内だけでなく、外部にもいろんな人脈を持っていることが必要ですね。

ぼくは『打たれ強く生きる』という本の中で、〝乱反射する友を持て〟と書いたんですが、社内の一部の人間、自分が可愛がっている仲間だけでは、これはどうしようもないわけで、内外に乱反射するようないろんな人間を仲間に持つことですよ。

永井 やはり粘り強さが大事なんですね。パッと咲いてパッと散ろう、なんていう短気な心を起こす人はだめですね。

城山 ここでおれを切ったら会社が危うくなるとかね。潔く切られちゃおうなんて思わないこと。プライベートな面で淡白さはあっていいが、組織の責任とか、公的人間の立場では粘り強さを持って、会社のため、組織のためにおれは去ってはいけないんだとね。

あるいは、おれを簡単に切るようなことをすれば、ナンバー1も不幸だし、それ以上に組織全体が不幸になるという、そういった粘り強さを持って闘わなくてはいけないんですね。

秀吉なんかは、家康を切りたかったんでしょうね。

永井　切りたかったと思いますよ。

城山　でも、切ったら大変なことになる。切れる立場にはあるわけですね。

永井　あるわけです。結局、小牧・長久手の戦いでちょっとやってみて、これはだめだ、ということがわかった。

家康の立派なところは、関東への国替えを敢えてうけいれたことですね。三河は自分の育ったところだし、三河兵団こそが自分の守りだった。親身の親衛隊でしょう。しかも、尾張三河といえば、先進地帯ですからね。人間だけでなく土地にも愛着を持ちながら、関東という低開発の地域へ黙って行った。やはりナンバー2というのは、ある時期、がまんすることがなきゃいけないでしょうね。

城山　そうですね。

永井　しかし、結局、関東に本拠を置いたということが徳川政権の長持ちのコツだったんでしょう。

城山　ええ。だから個人的感情を殺して、集団として生き残るためには、三河を捨てて関東に行こうという、大きなソロバンがはじける人だったんですね。

永井　さっき城山さんが、選択肢とおっしゃったけど、人間には常にそれがあるんですね。瞬間瞬間で幾つかの選択肢の中から、決意して一つ選んでいく。そのときの一種の冷静な判断というのは、長い目で歴史を見ることができるとか、物事の移り変わりが見られるということ。周恩来などは、そこを実にうまくやってきたという感じがあります。

城山　バランス感覚があり、自己規制ができるんですよ。

永井　家康にしても、関東への国替えは、非常に大きな決断だったでしょうね。秀吉から「さあ、どうだ」と短刀をつきつけられ脅された感じですが、「わかりました」といったものだから、秀吉もついに家康を切れなかった。そういう感じですね。

家康という人は、ナンバー1になる芽は全然なかった人ですよね。それがだんだん上っていった。しかもナンバー2でいた時代が非常に長い。その間に、どうやったら自分の体制を長続きさせられるかを、ようく見極めていたんでしょうね。

城山　自分でシステム的につくり上げていく、培養していく。これがやっぱりほんとうのナンバー2なんでしょうね。

しろやまさぶろう●一九二七年愛知生まれ。五七年「輸出」で文學界新人賞。五九年「総会屋錦城」で直木賞。九六年菊池寛賞。二〇〇七年逝去、享年七十九。

あとがきにかえて

歴史小説ばかり書いている私ですが、これまでも、それとは別に歴史上の女たちの生き方をさまざま書いてきました。「歴史をさわがせた女たち」のシリーズなどがそれですが、今度のこの一冊は、「わが愛する男たちの肖像」といったところでしょうか。

女よりもずっと直接的に政治や社会に肌をふれて生きてきた男性の姿を、歴史の中で探っていったとき、一番深く感じるのは、何ごとも一人の人間の力ではなし得ない、ということです。今までは英雄と呼ばれる一人の人間にとかく焦点が絞られがちで、その人物個人が歴史を動かしたように考えがちですが、それは大きな誤りです。もっとはっきりいえば、清盛、頼朝、信長といった人々のイメージはいわば作られた虚像にすぎません。

近づいてみれば彼らとて、じつにくだらない矮小(わいしょう)な、われわれ凡人と同じ「にんげん」なのです。もし彼らが歴史の中に何かを残したとすれば、大きな時代の流れの作用をうけたことと、彼を支える多くの人間のチームワークのよさによるものです。

中でも、その傍にあったナンバー2的存在――彼らは歴史の上ではほとんど無名ですが——を抜きにしては、彼らの行動は考えられません。ここでは、その知られざる男たちをとりあげ、その生き方を辿ってみました。

もちろん資本主義社会である現代と、古代や中世は社会の質に大きな差があります。その意味で、彼らの生き方を現代に短絡させることは危険ですが、しかし、時代を超えて、

「われら、地球人類一家」

といいたいような面があることもたしかです。私が歴史小説を書くのも、時間を超えて伝わってくる人間のいとなみに深い感動を与えられるからです。

歴史は巨人です。彼に向って問いかければさまざまのヒントや慰めを与えてくれます。豊富すぎるほど豊富なその答を、どのように生かすかは人それぞれの道があることでしょう。きびしい現実社会から、ほんのひととき、歴史の世界に眼を移して、そこから何かをひきだすお手伝いができたら——そんな思いでまとめました。そして、さらに、歴史をひからびたミイラとしてではなく、生き生きした人間大河の流れとして捉える緒口にしていただければ、なお幸です。

終りに、城山三郎氏の御好意により、氏との対談を加えさせていただきました。豊富な情報の収集と現代社会に対する鋭い分析では並ぶもののない城山氏のお話を載せさせていただくことによって、一気に現代社会に密着した一冊になったことについて、氏に対し厚く御礼申し上げます。

本書は一九八九年四月に刊行された文春文庫の新装版です

DTP制作　エヴリ・シンク

文春文庫

はじめは駄馬（だば）のごとく
ナンバー2の人間学（にんげんがく）

定価はカバーに表示してあります

2023年8月10日　新装版第1刷

著　者　永井路子（ながいみちこ）
発行者　大沼貴之
発行所　株式会社 文藝春秋

東京都千代田区紀尾井町 3-23　〒102-8008
TEL 03・3265・1211㈹
文藝春秋ホームページ　http://www.bunshun.co.jp

落丁、乱丁本は、お手数ですが小社製作部宛お送り下さい。送料小社負担でお取替致します。

印刷製本・凸版印刷

Printed in Japan
ISBN978-4-16-792088-3

（　）内は解説者。品切の節はご容赦下さい。

江戸　うまいもの歳時記
青木直己

春は潮干狩りに浅蜊汁、夏は江戸前穴子に素麵、秋は梨柿葡萄と果物三昧、冬の葱鮪鍋・鯨汁は風物詩——江戸の豊かな食材八十五と驚きの食文化を紹介。時代劇を見るときのお供に最適。

あ-88-1

龍馬史
磯田道史

龍馬を斬ったのは誰か？　史料の読解と巧みな推理でついに謎が解かれた。新撰組、紀州藩、土佐藩、薩摩藩……。諸説を論破し、論争に終止符を打った画期的論考。（長宗我部友親）

い-87-1

江戸の備忘録
磯田道史

信長、秀吉、家康はいかにして乱世を終わらせ、江戸の泰平を築いたのか？　気鋭の歴史家が江戸時代の成り立ちを平易な語り口で解き明かす。日本史の勘どころがわかる歴史随筆集。

い-87-2

徳川がつくった先進国日本
磯田道史

この国の素地はなぜ江戸時代に出来上がったのか？　島原の乱、宝永地震、天明の大飢饉、露寇事件の4つの歴史的事件によって、徳川幕府が日本を先進国家へと導いていく過程を紐解く！

い-87-4

日本史の探偵手帳
磯田道史

歴史を動かす日本人、国を滅ぼす日本人とはどんな人間なのか？　戦国武将から戦前エリートまでの武士と官僚たちの軌跡を古文書から解き明かす。歴史に学ぶサバイバルガイド。

い-87-5

幻の漂泊民・サンカ
沖浦和光（かずてる）

近代文明社会に背をむけ〈管理〉〈所有〉〈定住〉とは無縁の「山の民・サンカ」はいかに発生し、日本史の地底に消えていったか。積年の虚構を解体し実像に迫る白熱の民俗誌！（佐藤健二）

お-34-1

考証要集
大森洋平

秘伝！　ＮＨＫ時代考証資料

ＮＨＫ番組の時代考証を手がける著者が、制作現場のエピソードをひきながら、史実の勘違い、思い込み、単なる誤解を一刀両断。あなたの歴史力がぐーんとアップします。

お-64-1

大森洋平
考証要集 2
蔵出し NHK時代考証資料
NHK現役ディレクターが積み重ねてきた知識をまたも大公開。時代考証とは、ドラマにリアリティという命を吹き込む魔法である。大河ドラマも朝ドラも、考証を知ればぐーんと面白い！
お-64-2

加藤陽子
とめられなかった戦争
なぜ戦争の拡大をとめることができなかったのか、なぜ一年早く戦争をやめることができなかったのか――繰り返された問いを、当代随一の歴史学者がわかりやすく読み解く。
か-74-1

小泉信三
海軍主計大尉小泉信吉
一九四二年南方洋上で戦死した長男を偲んで、戦時下とは思えぬ精神の自由さと強い愛国心とによって執筆された感動的な記録。ここに温かい家庭の父としての小泉信三の姿が見える。
こ-10-1

司馬遼太郎
歴史を紀行する
高知、会津若松、鹿児島、大阪など、日本史上に名を留める十二の土地を訪れ、風土と人物との関わり合い、歴史との交差部分をつぶさに見直す。司馬史観を駆使して語る歴史紀行の決定版。
し-1-134

司馬遼太郎
手掘り日本史
日本人が初めて持った歴史観、庶民の風土、史料の語りくち、「手ざわり」感覚で受け止める美人、幕末三百藩の自然人格。圧倒的国民作家が明かす、発想の原点を拡大文字で！　（江藤文夫）
し-1-136

司馬遼太郎
対談集
歴史を考える
日本人を貫く原理とは何か？　対談の名手が、歴史に造詣の深い萩原延壽、山崎正和、綱淵謙錠と自由自在に語り合う。歴史を俯瞰し、日本の〝現在〟を予言する対談集。　（関川夏央）
し-1-140

出口治明
世界史の10人
ライフネット生命創業者から大学学長に転身した著者が、世界史上、国を豊かにするという「結果を残した」真のリーダー10人を、洋の東西、男女にわたり、斬新な視点で厳選。　（入澤　崇）
て-11-1